本书获得

广西哲学社会科学规划研究课题"'数字乡村战略'视野下的广西特色农产品品牌建设研究"（20FGL051）

桂林电子科技大学科学研究基金项目"基于关系质量的广西特色农产品品牌可持续性研究"

资助

基于关系质量的特色农产品品牌可持续性研究

曹　兵◎著

中国财经出版传媒集团

图书在版编目（CIP）数据

基于关系质量的特色农产品品牌可持续性研究／曹兵著．
—北京：经济科学出版社，2021.3
ISBN 978－7－5218－2462－9

Ⅰ.①基…　Ⅱ.①曹…　Ⅲ.①农产品－品牌战略－可持续发展战略－研究－中国　Ⅳ.①F326.5

中国版本图书馆 CIP 数据核字（2021）第 055823 号

责任编辑：张　燕
责任校对：刘　娅
责任印制：王世伟

基于关系质量的特色农产品品牌可持续性研究
曹　兵　著
经济科学出版社出版、发行　新华书店经销
社址：北京市海淀区阜成路甲 28 号　邮编：100142
总编部电话：010－88191217　发行部电话：010－88191522
网址：www.esp.com.cn
电子邮箱：esp@esp.com.cn
天猫网店：经济科学出版社旗舰店
网址：http://jjkxcbs.tmall.com
固安华明印业有限公司印装
710×1000　16 开　9 印张　150000 字
2021 年 5 月第 1 版　2021 年 5 月第 1 次印刷
ISBN 978－7－5218－2462－9　定价：49.00 元
（图书出现印装问题，本社负责调换。电话：010－88191510）

前　言

在新型冠状病毒全球肆虐、国际政治经济关系复杂多变的外部环境下，我国迫切需要转变经济增长方式，走可持续发展的道路。从微观层面来看，就是要求企业必须走自主创新、打造自主品牌的可持续发展之路。在以品牌作为主要竞争手段的现今市场中，品牌的可持续发展是企业可持续发展的重要支撑。然而，在我国很多行业里，“各领风骚三五年”是许多品牌的写照。在令人唏嘘不已之余，不禁要探寻原因，寻求解决之道。为此，深入研究品牌可持续发展的影响因素，促进品牌可持续发展，是当前我国品牌管理的迫切任务。由于品牌可持续发展是一个时间序列的动态过程，其影响因素繁多复杂。从研究的可行性和便利性角度考虑，同时也是为了便于企业进行品牌管理决策，本书将从横截面来考察品牌关系质量对品牌可持续性的影响。

本书首先对品牌关系质量的相关文献进行综述，从理论上阐明品牌关系质量与品牌可持续发展之间存在的关联关系。同时，本书根据可持续发展理论构建“品牌可持续性”的内涵，进而提出基于品牌关系质量的品牌可持续性的理论模型。其次，本书分别对消费者关系质量和社会公众关系质量与品牌可持续性的关系进行理论分析并提出研究假设。再次，选择某特色农产品品牌作为样本，利用结构方程模型进行实证分析，验证研究假设。最后，根据实证研究结果，本书提出提升品牌可持续性的对策建议。

基于研究结论，本书对品牌可持续性提出了三点对策建议：(1) 提升消费者关系质量，促进品牌可持续性。从消费情景中识别影响品牌满意、品牌信任和品牌承诺的关键因素；加强消费者自我认同；塑造品牌个性；加强品牌体验。(2) 提升社会公众关系质量，促进品牌可持续性。切实充分履行基本社会责任；充分履行相关者责任；履行与自身能力相匹配的社会公益责任。(3) 针对某特色农产品品牌可持续性的对策建议。建立区域品牌管理平台，增加品牌管理的有效供给，提升品牌可持续性；培育良性的品牌适应系统，持续提升品牌可持续性；细分消费者需求，完善品牌管理与创新体系。

在借鉴和吸收既有研究成果的基础上，本书可能的创新之处有：(1) 从管理学视角，引入“品牌可持续性”的构念。“可持续发展”是从时间序列出发的动态过程；“可持续性”则是从截面出发对品牌续存期的预期和判断。前者的影响因素繁多、复杂而难以评价；后者的影响因素相对简化，可以利用截面数据而易于评价。正是因为品牌可持续发展衡量难以量化，现有文献大多是对其进行规范性的讨论，缺乏实证分析。本书用“品牌可持续性”构念替代“品牌的可持续发展”，通过维系和持续改进关系质量，促进品牌可持续性提升，实现品牌的可持续发展。(2) 为研究品牌可持续发展提供了新思路。即便是借助“品牌可持续性”构念简化了问题，但对品牌可持续性的影响因素依然不胜枚举。从品牌关系质量的视角分析品牌可持续性的影响因素，有效地把研究范围聚焦在品牌关系质量对品牌可持续性的影响方面，以便于进行深入讨论。因此，本书从品牌关系质量的视角进行品牌可持续性的研究，为研究品牌可持续发展提供了新的视角，丰富了品牌可持续发展理论。(3) 伴随着市场经济的发展和品牌理论研究的深入，品牌的内涵与外延在不断发生变化，理论界和实践界迫切地需要解释品牌价值的动态演变过程以及对品牌未来的预期管理。本书探讨品牌可持续性，试图推动对品牌预期管理的探索，并应用于特色农产品品牌可持续性的具体情境中。

本书研究存在以下不足之处，并期望未来做进一步研究：(1) 本书从品牌关系质量的视角对品牌可持续性的影响因素进行了研究，而且，本书仅以某特色农产品品牌作为研究样本，研究样本范围的局限性限制了研究结论的普适性。在不同行业背景下，品牌可持续性的诸多影响因素作用机理很可能存在巨大差异。未来研究可以以行业内的品牌作为研究范围，选取更多的样本数据进行分析，也为进一步比较不同行业环境下品牌可持续性影响因素奠定基础。(2) 对于从品牌关系质量来讨论品牌可持续性的影响因素方面，面临答题人在主观评价时不可避免地存在偏差的问题。同时，由于品牌可持续性的诸多影响因素之间存在多重共线性问题以及解释变量存在嵌套关系，因此，未来研究可以考虑采用复杂适应系统分析方法、复杂网络分析方法和多层次线性模型分析方法进一步讨论品牌的可持续性问题。

曹 兵

2021 年 3 月

目　录

第一章　导　　论

第一节　研究背景与问题的提出

一、加快推进可持续发展是当前我国社会经济发展的必然选择

在新型冠状病毒全球肆虐、国际政治经济关系复杂多变的外部环境下，我国经济正构建“以国内大循环为主体、国内国际双循环相互促进的新发展格局”，国内社会经济发展与环境资源的冲突越来越显著，又恰逢社会经济发展的“三期叠加”，我国经济发展必将面临众多困难。

（1）经济增长速度放缓。我国经济经历了近40年的高速发展，成为世界第二大经济体。随着国内生产力的巨大释放，国内经济总量快速增长，支撑经济发展的自然资源、人力资源以及经济政策等要素正在发生深刻变化，经济增速呈现出放缓的趋势，市场表现出明显的生产过剩而消费不足的特征。处于经济增长“换挡期”的我国经济迫切需要寻求新的增长动力。

（2）经济结构调整面临巨大压力。依赖环境和资源的高投入来实

现经济粗放型增长，不但使生态环境面临巨大压力，而且使资源需求量低效率地快速增长。2013 年以来，国内许多大中城市出现的严重雾霾天气直接反映了经济发展与环境保护的矛盾日趋尖锐，加快转变经济发展方式和调整经济结构刻不容缓。处于经济结构调整“阵痛期”的我国经济迫切需要用可持续发展观来调整现有经济结构。

（3）经济政策的调整空间缩小。2008 年后，我国采取了一系列刺激性的政策措施以应对国际金融危机带来的各种不良影响。当前国际关系复杂多变，过去使用的刺激性政策难以适应新的国内外经济环境，这些共同限制了当前我国经济政策的选择空间。

对此，2015 年 6 月，习近平总书记在贵州调研时指出，“适应新常态、把握新常态、引领新常态，是当前和今后一个时期我国经济发展的大逻辑”①。在此背景下，我国经济发展迫切需要建立在可持续发展基础上，实现社会经济与自然环境之间的协调发展，只有彻底改变传统的经济增长方式，才能解决社会经济发展与自然环境资源约束的冲突，促进我国社会经济的可持续发展，顺利渡过当前国际贸易的寒冬和“三期叠加”阶段，实现“以国内大循环为主体、国内国际双循环相互促进的新发展格局”。

二、品牌成为国内外市场竞争的重要手段

无论是国内市场，还是国际市场，市场竞争格局都显著地表现出供不应求的卖方市场转变为供过于求的买方市场。市场竞争从产量竞争逐步过渡到质量竞争和品牌竞争。而品牌是传递质量和信誉信号的重要工具，市场竞争往往直接体现为品牌的竞争。随着市场产品极大

① “平语”近人——习近平谈把握经济新常态“大逻辑”［N/OL］. 新华网，2016 - 12 - 14. http：//www. xinhuanet. com/politics/2016 - 12/14/c_1120111083. htm.

丰富化，拓展了消费者选择空间，品牌成为消费者购买决策的重要依据。可以说，世界经济已进入品牌竞争阶段，品牌成为竞争的主要手段。具体来看，市场竞争表现出价格、质量，甚至服务都已成为参与竞争的资格要素，而品牌成为优于竞争对手的赢得要素。品牌已不仅仅是一种区别标识物，更是消费者对产品或服务消费体验的综合反映，代表消费者对品牌的心理依恋强度，是争夺消费者心智资源的重要工具。

为此，国家质检总局党组副书记、副局长梅克保在 2014 年 12 月 26 日的《人民日报》撰文强调，为了提高我国经济发展质量和效益，需要把品牌建设作为发展战略，通过打造品牌来提升竞争力，从而推动中国产品向中国品牌转变。企业作为市场经济的主体必须适应经济增长方式由注重数量增长向注重质量增长转变，向注重品牌经营转变，推动企业的永续经营。品牌竞争策略不仅要关注如何占领现有市场，而且要关注未来的市场机会与如何提高未来的市场占有率。品牌竞争策略应重视品牌的可持续发展，强调把握未来市场机会比强化现有市场占有率更重要。因此，企业需要充分应用品牌这一竞争手段，推动品牌发展和企业发展相互促进，实现品牌和企业的可持续发展，进而推动我国社会经济的可持续发展。

三、我国品牌管理存在的问题

近年来，国内涌现出腾讯、华为、格力、海尔、大疆等为代表的成功企业和品牌，但还有更多品牌是“各领风骚三五年”，品牌生命周期短暂。整体来看，我国企业品牌表现出：（1）品牌整体竞争力不强；（2）品牌影响力小；（3）对消费者的吸引力弱；（4）品牌独立能力差；（5）品牌抗风险能力差、生命周期短（周梦影、冯梦祝，

2013）。究其原因，我国企业品牌管理中存在以下主要问题。

（1）缺乏科学的品牌管理理论指引。在过去数百年的品牌运营实践中逐步形成和发展起来的西方品牌理论，值得国内理论界和实践界学习与借鉴。然而，优秀的品牌都有丰富的文化内涵，植根于本土的社会文化和民族个性之中，具有鲜明的国家和地域的人文特色。我国企业在学习和模仿西方的品牌管理理论与运营模式时，应根据我国具体的社会文化环境进行二次创新，形成具有我国特色的品牌管理思想和运营模式，形成独特的品牌优势。由于国内缺乏科学的品牌管理理论指导，导致许多企业误将品牌管理当作品牌推广，甚至将品牌管理仅当作广告宣传，花费大量时间、资金用于广告宣传，而忽视了品牌管理的系统性和品牌管理能力的持续提升。

（2）品牌战略模糊。由于很多国内企业竞争战略不清晰，导致企业的市场定位模糊，就必然不能基于核心能力来管理品牌的价值定位以及品牌个性和品牌诉求点，从而造成品牌战略模糊，品牌发展方向不明，导致品牌价值难以提升。

（3）缺乏品牌差异化策略。我国市场中产品供过于求的现象非常普遍，产品同质化现象非常严重。产品、产品质量、产品的生产技术以及市场竞争策略严重同质化，企业难以建立有效的品牌价值定位区隔和品牌形象区隔。许多企业陷入“无促不销”的陷阱，难以实现品牌的可持续发展。

（4）缺乏品牌管理能力。由于普遍缺乏清晰的品牌定位、差异化的品牌竞争战略，难以向消费者清晰传递长期一致的品牌形象，难以培育强大的品牌影响力，难以获得品牌的高溢价，难以实现品牌的可持续发展。

（5）企业文化建设与品牌建设缺乏有效协同。企业文化和企业品牌在管理的理念层、制度层、行为层和物质层具有众多共同基因。然而，普遍存在二者的管理相互脱节，难以有效整合企业文化建设与品牌的内在价值。

（6）缺乏持续发展的信念。很多管理者缺乏持续发展的信念，过于追求短期利润或规模扩张，而不是以客户导向创建品牌、经营品牌，导致出现品牌过度营销、过度延伸和过度授权等问题，从而难以建立持续的高价值品牌。

2014 年 5 月 10 日，习近平总书记在河南考察中铁工程装备集团时提出了“中国制造向中国创造转变、中国速度向中国质量转变、中国产品向中国品牌转变”①，为推动我国产业结构转型升级、打造中国品牌指明了方向。上述诸多品牌管理问题的解决，不可能一蹴而就，需要通过持续的努力。特别是，需要持续加强具有我国特色的品牌管理理论和运营模式创新；持续提高品牌经营管理能力；持续加强品牌培育、品牌推广和品牌保护。

四、问题的提出

在宏观方面，社会经济的发展必须建立在可持续发展的基础上。在当前“三期叠加”时期，我国经济迫切需要转变经济增长方式，走可持续发展的道路。从微观层面来看，要求企业必须走自主创新、打造自主品牌的可持续发展之路。在以品牌作为主要竞争手段的现今市场中，品牌的可持续发展是企业可持续发展的重要支撑。如图 1.1 所示，品牌可以通过企业正确的品牌决策、产品创新和持续合理的资源配置而得以永续（许基南，2005）。换言之，产品生命周期的长短是市场需求变化、科技进步的结果。而一个品牌能否持续发展，在很大

① 中国品牌日，习近平“三个转变”重要指示指明方向［N/OL］. 央视新闻网，http：//m. news. cctv. com/2020/05/10/ARTIin7U0ly2B0jNFCFKP3RK200510. shtml.

程度上取决于企业能否及时更新品牌内涵和持续创新，并做出正确的品牌决策（吕艳玲、王兴元，2012）。

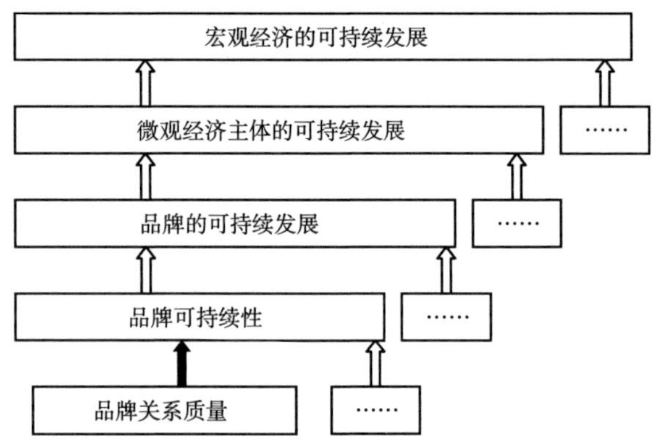

图 1.1　本书研究的问题来源

然而，在我国很多行业里，“各领风骚三五年”是许多品牌的写照。在令人唏嘘不已之余，不禁要探寻原因，寻求解决之道。为此，深入研究品牌可持续发展的影响因素，促进品牌可持续发展，是当前我国品牌管理的迫切任务。由于品牌可持续发展是一个时间序列的动态过程，其影响因素繁多复杂。从研究的可行性和便利性考虑，同时也是为了便于企业进行品牌管理决策，本书将从横截面来考察品牌关系质量对品牌可持续性的影响。

第二节　研究目的与研究意义

一、研究目的

本书试图通过理论和实证分析，探求品牌关系质量对品牌可持续性的影响及其影响程度，以期识别出关键因素，旨在通过品牌关系质量的持续改进，实现品牌的可持续发展，为品牌管理实践提供决策的理论依据和实证支持。

二、研究意义

（一）理论意义

本书围绕品牌关系质量对品牌可持续性的影响展开研究，其理论意义主要有以下两个方面。

第一，将可持续发展理论和利益相关者理论进行了适度结合。可持续发展理论的基本内核是社会经济的“协调”和“持续”发展。利益相关者理论强调关注企业经济活动对各相关方的影响。从二者内在要求上看，都是强调各相关方利益间的协调以实现长期发展，具有较高的内在一致性。从研究范畴来看，可持续发展理论从社会经济的可持续发展逐步应用于微观企业的可持续成长方面。与此同时，利益相关者理论也从企业经济活动的利益相关方逐步应用于宏观层面的利益相关方的协调方面。随着研究的扩展，二者的研究范畴已存在重叠和交叉。因此，本书将可持续发展理论和利益相关者理论进行适度结合具有一定的理论价值。

第二，将品牌关系质量纳入质量管理范畴来考察，拓展了质量管理基本理念的应用范围。一般地，质量是指产品、服务、过程或体系的质量，持续改进是质量管理的基本理念。本书将持续改进应用于品牌关系质量领域，借助质量管理的戴明循环，维系和持续改进品牌关系质量，从而提升品牌可持续性。可以说，本书丰富了研究品牌关系质量的工具集。

（二）现实意义

本书围绕品牌关系质量对品牌可持续性的影响展开研究，其现实意义主要有以下两个方面。

第一，企业总是期望自有品牌得以可持续发展，但在品牌管理决策中却频频出现短期行为，甚至重大决策失误。由于品牌可持续发展的影响因素繁多而且复杂以致企业常会无所适从，而且对品牌可持续发展的决策通常在当期难以评价，在经历若干时间后才发现决策失误，往往结果难以挽回。可以说，企业迫切需要能够提供具体指导意义的理论支持。本书从维护和持续改进品牌关系质量方面对品牌可持续性的研究，虽然不能全面系统地提供决策建议，但借助质量管理的卡诺（Kano）模型持续改进品牌关系质量，为企业制定品牌可持续发展策略提供了易于操作的思路。

第二，品牌的可持续发展是支撑企业可持续发展的重要力量，企业的可持续发展又是支撑社会经济可持续发展的重要力量。在“三期叠加”的当前经济环境下，本书的研究有助于提高品牌可持续性，促进品牌的可持续发展，进而有助于推动企业的可持续发展，并促进社会经济的可持续发展。因此，本书的研究具有重要的现实价值。

第三节　研究思路与研究方法

一、研究思路

根据研究目的，以“利益相关者理论”和“可持续发展理论”作为本书的理论基础。本书首先对品牌关系质量的相关文献进行综述，从理论上阐明品牌关系质量与品牌可持续发展之间存在的关联关系。同时，本书根据可持续发展理论构建“品牌可持续性”的内涵，进而提出基于品牌关系质量的品牌可持续性的理论模型。其次，分别对消费者关系质量和社会公众关系质量与品牌可持续性的关系进行理论分析并提出研究假设。之后，选择某特色农产品品牌作为样本，利用结构方程模型进行实证分析，验证研究假设。最后，根据实证研究结果，提出提升品牌可持续性的对策建议。

二、研究方法

本书研究方法包括：第一，利用历史文献分析法总结文献和前期研究成果。在文献总结的基础上，确定研究的重点以及研究模型与研究假设。第二，利用专家调查法，在对有关专家单独访谈的基础上，识别出品牌可持续性的基本内核。第三，在与专家、消费者、经销商和加工商访谈的基础上，借助问卷调查方法收集数据，并借助 A-MOS17.0 软件对数据进行结构方程模型分析，通过探索性因子分析和验证性因子分析检验研究模型和研究假设。第四，本书借助质量管理研究领域的卡诺模型，对品牌关系质量进行分类分析；借助 PDCA 循环模型，对品牌关系质量的持续改进进行分析（见表 1.1）。

表 1.1　　本书研究的理论基础与研究方法

两个理论基础	主要研究方法与工具
利益相关者理论 可持续发展理论	文献分析法（研究模型构建） 专家调查法（品牌可持续性的反映型指标构建） 结构方程模型（实证分析工具） 卡诺模型（关系质量分析工具） PDCA 循环模型（关系质量改进工具）

第四节　研究内容及技术路线

一、研究内容

本书研究分为五个主要部分。

第一部分是基于品牌关系质量的品牌可持续性理论模型构建。本部分首先从品牌关系的已有文献分析出发，识别出消费者关系和社会公众关系两个重要的品牌关系。之后，借助可持续发展理论，界定品牌可持续性的构念，并提出消费者关系质量和社会公众关系质量对品牌可持续性影响的研究框架。

第二部分是基于消费者关系质量的品牌可持续性研究。根据第一部分的研究框架，本部分对消费者关系质量对品牌可持续性的影响展开分析。在理论分析的基础上，构建消费者关系质量的测量模型，并提出消费者关系质量对品牌可持续性影响的分析模型和研究假设。

第三部分是基于社会公众关系质量的品牌可持续性研究。根据第一部分的研究框架，本部分对社会公众关系质量对品牌可持续性的影响展开分析。在理论分析的基础上，构建社会公众关系质量的测量模型，并提出社会公众关系质量对品牌可持续性影响的分析模型和研究假设。

第四部分是实证分析。在借鉴已有相关文献的基础上，确定品牌可持续性、消费者关系质量和社会公众关系质量这三个潜变量的测量题项，并以某特色农产品品牌为样本进行问卷调查。利用调查数据，借助 AMOS17.0 软件进行结构方程模型分析，通过探索性因子分析、信度和效度检验、验证性因子分析，以验证第一部分、第二部分和第三部分所提出的研究模型与研究假设。

第五部分是研究结论与对策。本部分首先分析第四部分的实证结果，对理论与实证研究结果可能存在的差异做进一步解释，并总结归纳出本书研究的主要结论。其次，从维系和持续改进品牌关系的角度，提出提高品牌可持续性对策及建议。最后，对本书研究中存在的不足和未来研究进行展望。

二、技术路线

根据研究目的和研究内容，本书研究的技术路线如图 1.2 所示。

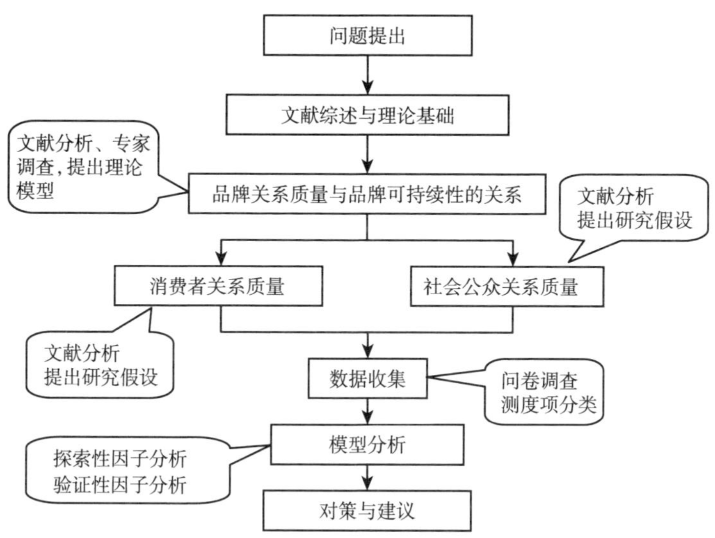

图 1.2　本书研究的技术路线

第二章　文献综述与理论基础

第一节　品牌关系文献综述

一、关系的内涵

（一）人际关系

关系是社会学和管理学研究中的一个常用词。然而，学者们对“关系”有不同的理解，大致可以归纳为三种。一是关系就是“联系（connection）”，是“两个人或更多人之间存在的直接的、专一的联系”。二是“暗含着持续的利益互换意义的友谊”。因此，关系是“建立个人联系以从中获取利益”，是在市场活动中的法律保障不可能充分完备以及法律行为的高成本而在社会中建立起的个人联系。三是关系被认为是在中国情景下的“关系”。它是一种联系（relationship），不是有利益的关系，而是一种靠关系的关系。因此，关系是一种“客体、力量或个人之间的联系，当指人与人之间的联系时，不仅被用于夫妻、亲属和友谊，还具有社会联系的意义”。在中国情境下，关系常被等同为“人情”“面子”或“圈子”，它可以分为情感型关系、工具型关系和混合型关系三种类型，或分为传承关系、嵌入关系、渐生关系和开发关系四种类型（韩巍、席酉民，2001）。

综合上述研究成果可以看出，随着对关系现象、关系行为和关系规范等的深入研究，逐步明确了不同情景下关系具有不同的内涵。关系不仅存在于人际联系之中，更是一种能促进人与人进行交换互惠的社会网络联结，包括人际联系状态的静态描述和对关系趋势的动态指向（刘林青、梅诗晔，2016）。在中国情境下，关系是一种具有深层文化特征的人际法则，是人与人互动过程中的运行法则和运行机理（韩巍、席酉民，2001）。

（二）组织关系

随着研究的深入，关系研究从人与人的关系逐步扩展到组织与组织的关系。组织关系是在两个或多个组织之间的相对持久的资源交易、资源流动和资源联结，是一种建立在互信和自律基础上的相互依赖关系。组织通过组织间关系的提升来促进组织自身的发展（马永斌，2010）。现有组织间关系研究主要集中于以下六个方面：（1）组织间关系对组织绩效的影响，组织间关系对财务绩效、市场绩效等的影响；（2）组织间关系在市场开发中的作用，组织间关系在获取资源、政府支持、信息，建立信任，提高交易效率等方面的影响；（3）组织间关系对组织行为的影响，组织间关系对组织结构、外部效应、组织信任等的影响；（4）组织间关系对组织中知识转移的影响；（5）组织间关系对制度治理的替代性影响；（6）组织间关系对企业竞争力的影响（刘林青、梅诗晔，2016）。

很多学者关注到组织间关系的重要性，从不同的研究视角解释组织间关系的形成、关系构建的动机与影响因素等，对分析和预测现实中组织间关系互动做出了重要的贡献。当然，每一理论解释都存在一定的局限性。组织间关系理论的比较见表 2. 1。

表 2.1　组织间关系理论的比较

视角	原理	贡献	局限
交易成本	减少市场失灵带来的不确定性，并降低与等级制度相关的成本	解释了市场、等级和其他组织形式等多种治理结构并存的合理性	局限于效率及成本，忽视了学习、合法性、公平性等其他因素的影响
资源依赖	组织间关系是组织获取资源的方式	资源依赖模式对传统组织理论进行了补充	未能解释组织能力的发展
战略选择	提高企业提供产品与服务的能力，并降低竞争激烈程度	组织间关系的形成可以看作是处于战略及长期受益最大化方面的考虑	因战略本身的复杂性，使战略选择与组织间关系的研究成果不足
利益相关者	把自身利益与利益相关者的利益联合在一起，并减少环境的不确定性	利益相关者之间的利益协调，有助于企业实现其目标	由于组织间关系复杂，缺乏全面实证检验
组织学习	从合作人处吸收知识，提高组织的能力，实现增值	从组织间知识的交流角度对组织间关系的形成进行了解释	关注能力发展与转化的同时，忽视对成本因素和专利信息风险的考虑
制度	从制度层面解释组织间关系的合法性	从法律制度、文化制度、观念制度、社会期待等制度环境方面探讨组织与组织间关系	提出合法性机制解释了组织对制度的环境嵌入，忽视了组织能动性、制度创新和变迁
组织生态	组织间的相互依存与共生关系实现整个生态系统的共同进化	将组织间关系从“竞争”发展到“合作与竞争”并存，从静态向动态转变	对组织变迁的自然选择机制缺乏深入的解析，没有探究突变的可能性

资料来源：根据罗珉（2007）、马永斌（2010）整理。

二、品牌关系的相关研究

20 世纪 90 年代中期以来，随着对营销认识逐渐由职能营销、交易营销向过程营销、关系营销的转变和对品牌权益（资产、价值）形成机理的深刻反思以及受到新管理理论（如利益相关者理论、组织生态系统理论等）的交叉渗透，学术界开始出现了对“品牌关系”的研究热情。布莱克斯顿（Max Blackston，2000）参照社会心理学中的人际关系理论，提出品牌关系的概念，认为品牌和消费者的关系就像人际关系一样，通过交互活动可以形成持久、亲密和稳定的关系。因此，自布莱克斯（2000）创立关系视角的品牌理论之后，学术界的研究热情被激发。品牌关系的创建、维护、提升和管理等议题已经是品牌管理理论的核心问题之一（张燚等，2008；Miller and Merrilees，2013；候立松、张燚，2008）。

本书参照周志民（2007）的研究，将品牌关系研究分为四大类：一是品牌关系的界定；二是品牌关系的形成；三是品牌关系的状态；四是品牌关系的作用。

1. 品牌关系的界定

品牌关系的界定在学术界经历了品牌关系的对象从单一到复杂的过程，以及品牌关系的影响从简单到复杂的过程。

首先，是品牌与品牌的关系。阿克（D. Aaker，2002）关注品牌组合战略，提出了品牌关系谱，如图 2. 1 所示。品牌关系谱是在顾客心智中品牌被相互分离的程度。而品牌隔离反映了品牌的不同定位。因此，品牌关系谱能够显示品牌之间相互独立的程度，反映了品牌范围的宽窄。

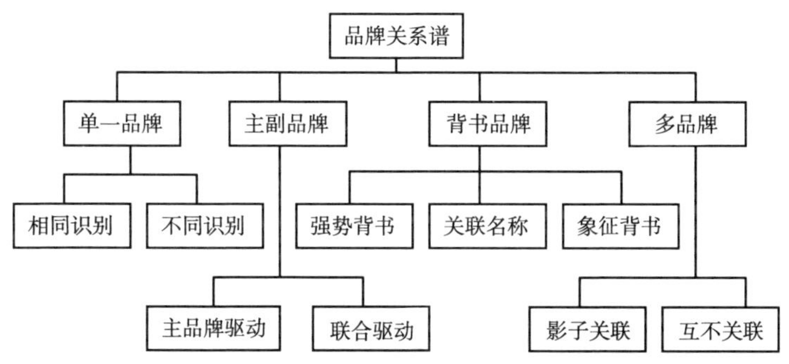

图 2. 1　品牌关系谱

其次，是消费者与品牌的关系。布莱克斯顿（2000）提出，品牌关系研究的是消费者与品牌之间的关系。这种消费者与品牌之间相互作用的关系是一个动态变化的过程。福尼尔（Fournier，1998）认为，这是一个渐进关系的动态过程，关系经历了注意、了解、共生、相伴、分裂和复合六个阶段。动态变化的品牌与消费者关系具有四个特点。(1) 因果性：品牌与消费者关系的动态变化是因为产生了变化的原因。原因是外部影响因素的改变，而后果是品牌与消费者关系发生了变化。(2) 矢量性：众多外部影响因素的不同变化会对消费者与品牌关系产生不同结果。一部分外部影响因素对消费者与品牌关系产生正向加强作用；另一部分外部影响因素则产生负向弱化作用。(3) 反应不对称性：当外部影响因素变化时，品牌与消费者关系的变化趋势也会改变。往往是发挥正向增强作用时缓慢提升品牌与消费者关系，而发挥负向弱化作用时，消费者与品牌关系的变化趋势却会瞬间衰减。(4) 综合性：当外部各种影响因素发生变化时都会对品牌与消费者关系产生影响，而最终影响关系变化的趋势取决于各种因素影响程度及其变动程度的综合比较。

再次，学者们将品牌关系相关方进行了扩展。品牌关系包括：品牌—品牌、品牌—消费者、消费者—消费者，形成了品牌社群关系。品牌社群是具有共同意识、仪式和惯例、基于伦理的责任感三个基本特征的、基于品牌联结的消费者与消费者群体（Muniz and O' Guinn，2001）。福尼尔（1998）进一步探索了消费者与企业、产品、品牌符号、其他消费者四个不同层面的品牌关系。亚历山大等（Mc Alexander et al.，2002）认为，品牌社群是基于消费者体验为中心的互动关系网络。因此，在品牌社群中，消费者、营销人员和企业围绕消费者的品牌体验，在互动关系中共同构建品牌价值（周志民，2007；朱哲廷，2015）。

最后，大卫·阿克（David A. Aaker，1998）在对品牌理论进行研究时引入了生态学的种群概念，明确提出“品牌种群”这一概念。温克勒（Winkler A.，1999）则进一步认为，众多品牌构成了品牌的生态环境。各个品牌在品牌生态环境中生存与进化。关于品牌生态环境的研究成果包括以下六个方面。

（1）品牌DNA理论认为，品牌基因是品牌的核心价值，品牌基因的排他性体现出与众不同的品牌个性。

（2）品牌复杂性理论认为，品牌具有生命体复杂性的特征，不是简单的叠加，表现为在过程中不断适应与演化。

（3）品牌生命周期理论认为，品牌和生物体类似，有从出生、成长、成熟到衰亡的一个完整过程，但也有许多品牌在现实中经久不衰（Philip Kotler，1997）。

（4）品牌适应理论认为，品牌能够通过不断地改变自己的品牌形态结构、行为动作等而产生新的功能状态以适应外部环境的变化。

（5）品牌群落理论认为，众多品牌所形成的品牌群落如同生物种群构成的生物群落（David A. Aaker，1998），可以利用生物群落进化来解释品牌种群效应差的问题，并对有效利用现有品牌的协同效应进行品牌延伸与规划进行研究。

（6）品牌生态系统理论认为，品牌生态系统如同生物界的生态系统，品牌生态系统是在品牌群落理论的基础上得以扩展的。王兴元（2004，2008）提出了由环境、名牌、企业、供应商、中间商、顾客、公众、相关组织与群体等组成、各个成员依赖名牌获利而得以生存与发展的名牌生态理论，并探讨了生态位重叠、分离、泛化、特化、缩放、动态变化等关键概念。在此基础上，张燚和张锐（2005）建议研究“生态型品牌关系”，包括品牌与相关品牌关系、品牌与利益相关者关系、品牌与资源和环境的关系。王启万和王兴元（2013）进一步建立了由5个类别以及19个要素构成的产业集群核心企业品牌生态位关键要素体系，对品牌生态理论的应用做出了重要贡献。

2. 品牌关系的形成

现有品牌关系形成的研究成果仍存在不同的研究视角和结论。戴森、法尔和霍利斯（Dyson，Farr and Hollis，1996）研究发现，从产品功能到情感对消费者需求的满足过程，呈金字塔形的层级关系，包括存在、相关、功能、优点和联结。而福尼尔（1998）将品牌关系形成过程划分为了六个阶段，包括注意、了解、共生、相伴、分裂和复合阶段，隐含着品牌存在重生的机会。

上述学者从品牌关系的内容、形成和发展阶段等方面进行了研究，可以看出，影响品牌关系的因素不仅众多而且影响关系复杂。现有文献对品牌关系的影响因素可以划分为消费情景、自我认同、品牌个性和品牌体验四个方面。

（1）消费情景。罗素·W. 贝尔克（Belk，1975）将消费情景分为社会氛围、物理氛围、时间、任务和购前状态等。还有通过对零售业店内音乐与品牌形象不相符这一特定消费情景进行分析后认为，消费者可能会依据音乐感知而不是品牌形象，从而影响品牌关系（Beverland，2006）。

（2）自我认同。品牌包含何种品牌基因或是对品牌赋予何种内涵会影响消费者对品牌的认同，能够促进消费者自我证实与自我提升。森（Sen B. S.，2003）认为，品牌与消费者关系的建立源自消费者对公司品牌形象的认同。消费自我认同的品牌不仅有助于消费者自我认知和自我界定，而且能够给消费者带来心理上的满足感和优越感。

（3）品牌个性。在分析已购买者比未购买者更容易正面描述品牌个性的原因时，大卫·阿克（1998）认为，品牌个性能促进品牌关系的形成，而品牌关系影响消费者对品牌个性的看法。然而，之所以已购买者比未购买者更多地正面评价品牌个性，可能是因为消费者在购买之前就已认知品牌个性并赞同品牌个性，从而形成了良性的品牌关系，最终促使其购买和使用。也就是说，使用者在使用之前已形成了对品牌个性的认同。非使用者也可能早已形成了对品牌个性的认知，但并不赞同品牌个性，从而未能形成良性的品牌关系，最终放弃购买和使用。

（4）品牌体验。消费者使用品牌之后会产生明确的感知。这种感知划分为感官体验、情感体验、思考体验、行动体验和关联体验五大体验。除情感体验对品牌关系的影响不显著外，其他四种体验均对品牌关系产生显著的正面影响。张和蒋（Chang and Chieng，2006）研究表明，不仅自身体验会影响品牌关系，而且他人的体验以及社区群体的共有体验也会影响品牌关系。

3. 品牌关系的状态

在品牌关系的状态方面，目前有互动论、角色论、交换论和强度论四种观点。

（1）互动论。辛普和马丁（Shimp and Madden，1988）将品牌关系划分为三个维度——亲密、渴望和承诺，并根据品牌关系在这三个维度上的表现提出了从不喜欢到忠诚的八种品牌关系形态。福尼尔（1998）则依据人际关系形态，总结出了 15 种品牌关系形态。布莱克斯顿（Blackston，1992）则将品牌关系状态总结为六种关系形态。斯威尼和丘（Sweeney and Chew，2002）在服务领域证实了福尼尔提出的 15 种品牌关系形态，又提出“爱恨交融”的品牌关系形态。

（2）角色论。角色论较为直观地表达了品牌关系中主体之间的关系状态，易于被理解。如夫妻与亲人、密友与朋友、同事与同学、顾问四种角色。何佳讯（2006a）认为，品牌关系角色包括家人、好朋友、合作伙伴和熟人四种。

（3）交换论。阿加沃尔（Aggarwal，2004）根据社会交换理论提出了品牌关系形成的目的是交换和共享。相对应地，品牌关系分为基于互惠的等量交换的交换关系和基于情感的不等价交换的共享关系。

（4）强度论。在联结上所花的时间、情感投入程度、亲密程度以及互惠性可用来反映关系的联结强度。福尼尔（1998）用自愿与被迫、积极与消极、深入与肤浅、长期与短期、公开与私下、正式与非正式、对等与不对等七种关系状态来描述品牌关系强度。之后，品牌关系强度增加了主导与附属、友好与敌意（Sweeney and Chew，2002）。随着新经济社会学的社会网络理论发展，强度论再次吸引了学者对品牌关系状态的研究兴趣。

4. 品牌关系的作用

在品牌关系的作用方面，现有文献主要集中于对品牌延伸的影响和对消费者行为的影响两个方面。

（1）对品牌延伸的影响。品牌关系是品牌延伸成功的重要影响因素。在品牌延伸过程中，品牌关系总是会正向影响消费者的购买意图。因此，可以利用品牌关系实施品牌延伸，同时使品牌与消费者建立更加广泛的联系，产生更强的心理依恋，而且品牌关系中的信任因素能够显著地正向影响品牌延伸的可接受程度（Davis and Halligan，2002）。

（2）对消费者行为的影响。科布沙和韦茨（Kaotcheva and Weitz，1999）在研究了在消费过程中不同愉快程度下品牌关系对消费者行为的影响之后认为，消费者能够从关系中获得更多的满意和利益，而不是产品本身。这一研究结论还说明了品牌关系的作用不仅仅是联结功能，还能在发生意外的不满意时促使消费者采取宽容、妥协和合作。

第二节　品牌—利益相关者关系文献综述

一、利益相关者理论

自20世纪80年代以来，利益相关者理论迅速向经济学（主要是契约经济学、产权经济学）、管理学（主要是战略管理学、营销学）、新经济社会学，甚至向法理学方面渗透，产生了大量的研究成果。然而，学者们对利益相关者的界定和分类却未达成一致的认识。本书仅从管理学视角，对利益相关者的界定和分类进行综述。

（1）在利益相关者的界定方面，弗里曼（Freeman，1984）和克拉克森（Clarkson，1994）的研究成果最具有代表性。弗里曼（1984）认为，利益相关者是"任何能够影响企业目标的实现或受这种实现影响的个人或群体"。这个界定强调利益相关者之间的相互影响，从理论上说明了利益相关者的本质特征。但是，这个定义过于宽泛，包括股东、投资人、员工、上游供应商、下游经销商、顾客、媒体、政府管理部门、下一代等。直接与间接影响组织行为和结果的利益群体以及直接与间接受到组织行为和结果影响的利益群体不仅数量众多，而且需求也存在不一致甚至矛盾的现象。难以穷尽所有利益相关者及其需求，致使实证研究难以有效实施。克拉克森（1994）认为，利益相关者在企业经营活动中进行了专用性投资，承担了某些风险。在此基础上，他认为利益相关者是公司享受或者主张所有权、权利或者利益的自然人或群体。因此，可以将具有类似利益、请求或者权利的公司的利害关系人划归同一群体，如员工、股东、供应商、经销商和顾客等。这个界定强调利益相关者与企业的关系，但也存在利益相关群体众多的问题。此外，ISO9000：2008《质量管理体系 基础和术语》标准将（利益）相关者简洁地定义为，与组织的业绩或成就有利益关系的个人或团体（注：一个团体可由一个组织或其一部分或多个组织构成），包括顾客、所有者、员工、供方、银行、工会、合作伙伴或社会。这一界定得到了学界和企业界的广泛认可，成为利益相关者界定的一个较为广泛接受的标准范式。

（2）在对利益相关者进行分类方面，研究成果比较多。按照是否拥有所有权，分为持有公司股票的经理人员、持有公司股票的董事和所有其他持有公司股票者等（Freeman，1984）；按照是否存在交易关系，分为管理人员、投资人、员工、消费者、供应商、竞争者、政府管理部门等（Freeman，1984）；按照是否存在直接交易性的合同关系，分为契约型的利益相关者（包括股东、员工、消费者、分销商、供应商、贷款人等）和公众型的利益相关者（包括监管者、政府管理部门、媒体等）（Charkham，1992）；按照相关利益群体承担的风险种类，分为自愿的利益相关者（即自愿承担企业经营活动给自己带来的风险）和非自愿的利益相关者（即被动地承担了企业经营活动风险的个人或群体）（Clarkson，1994）；按照是否存在直接利益关系，分为直接利益相关者（包括股东、投资者、员工、顾客、供应商、合作企业、竞争者等）和间接利益相关者（包括政府、媒体、社会公众等）（Frederick，1991；Clarkson，1994）。国内学者陈宏辉和贾生华（2004）借鉴米切尔（Mitchell）等的思想，用评分法将利益相关群体划分为核心利益相关者、蛰伏利益相关者和边缘利益相关者。柳锦铭（2007）则提出，针对各种行业的不同发展阶段中的企业来说，影响企业目标实现和受到影响的主要利益相关者是不同的，因而对其划分也应是不同的。

二、品牌—利益相关者关系

随着学者们研究的不断深入，品牌关系的发展也从基本的品牌与品牌、品牌与消费者的互动关系，逐步扩大到品牌与利益相关者的互动关系。品牌与利益相关者进行互动行为，形成了不同的品牌与利益相关者的关系。借鉴利益相关者理论，品牌的利益相关者互动主体多，且影响互动关系的因素更多；品牌利益相关者的角色可能重叠或交叉，要求和期望可能存在冲突甚至矛盾，因而品牌与利益相关者之间的关系实质上是一种复杂的关系网络。对这种复杂的关系网络，有学者（如王兴元，2004；王启万和王兴元，2013；等等）将其形象地描述为品牌生态关系。品牌生态关系被描述为一种复杂的、相互作用的、不断进化的关系，并将利益相关者划分为内部利益相关者、金融利益相关者、消费者、经营决策者、渠道商和合作伙伴等。相对应地，可以把品牌与利益相关者关系描述为品牌与内部利益相关者关系、品牌与金融利益相关者关系、品牌与消费者关系、品牌与决策者关系、品牌与渠道商关系、品牌与合作伙伴关系。值得一提的是，侯立松、刘永新、张燚（2014）从品牌与利益相关者互动的动因、响应模式、接触点、维度和类型五个方面分析了品牌与利益相关者的互动机理，构建了品牌与利益相关者的动态互动模型，并借助全面质量管理理论提出了基于品牌与利益相关者互动的全面品牌关系质量管理模型，对品牌关系维持和发展做出了重要贡献。

三、本节小结

总体来看，现有文献对品牌关系的研究趋于细化和深入，从较为单一的品牌—品牌关系、品牌—消费者关系发展到复杂的品牌生态关系以及各利益相关方之间的关联关系，品牌关系的研究范畴逐步扩大，对品牌关系的理解逐步深入，形成了较为完善的品牌关系理论体系，它是对基于消费者的品牌关系理论的重要发展。但是，过多品牌主体及复杂的相互关系使得品牌关系研究工作庞大而又复杂。因此，就有必要应用帕累托原理，从众多品牌主体和复杂的相互关系中，识别和把握关键的少数因素，忽略多数的影响小的因素，这是品牌关系研究的重要前提。

根据前文的分析，本书依据是否存在直接利益（或交易）关系将品牌关系划分为两类——品牌—存在直接利益（交易）关系者和品牌—存在间接利益（交易）关系者。存在直接利益（交易）关系者包括消费者、员工、供应商等；存在间接利益（交易）关系者包括媒体、政府、社会公众等。为了简化表述和强调直接利益（交易）者中的消费者和存在间接利益（交易）者中的社会公众，本书将品牌—存在直接交易关系者，简称为品牌—消费者关系（以下简称消费者关系）；将品牌—存在间接交易关系者，简称为品牌—社会公众关系（以下简称社会公众关系）。在后文中进一步说明品牌关系的两分法。

第三节　品牌关系质量综述

基于关系的品牌理论，需要对品牌关系的状态进行描述和评价。在借鉴人际关系和组织关系理论与方法的基础上，关系质量的概念和测量研究方法常被借用到品牌关系研究领域，即用品牌关系质量的高低来衡量品牌与利益相关者之间的关系好坏。“关系质量”这一概念也是衡量企业竞争优势来源和绩效的关键影响因素（侯立松等，

2014；卢泰宏、周志民，2003）。现有关系质量的文献主要集中于关系质量的内涵和维度等方面。

一、关系质量的内涵

从人际关系来看，关系质量或关系水平反映了一个人与另一个人远近亲疏的状态。根据远近亲疏，两个人之间的关系质量有了高低之分，并用亲近、情感、信任程度等测量关系质量，来反映人际关系的状态。人际关系质量既是关系行为的基础，构成一个人关系行为的初始条件，又是关系行为的结果。关系质量成为讨论人际关系现状的基础和关键维度。从组织关系来看，许多学者（Granovetter，1992；Anderson and Narus，2006；等等）从新经济社会学角度，通过关系质量、关系强度（关系互动的频度）和关系久度（关系互动的持续时间）来描述组织间关系的状态。其中，关系质量是一个包括信任和满意的高阶变量（Crosby et al.，1990），它反映了基于信任的信息共享与合作默契程度。关系质量是测度组织关系特征的一个重要指标。福尼尔（1994）将关系质量的内涵界定为衡量关系的水平以及关系的稳定性和持续性。品牌与消费者关系质量反映了消费者与品牌之间关系保持联结的强度和未来的发展能力。因此，可以将品牌与消费者关系质量用来测量品牌资产的大小。亨尼希—图劳和克利（Hennig-Thurau and Klee，1997）从最基本的质量概念出发，提出关系质量是满足顾客对关系要求的程度。这一概念强调顾客要求是顾客对关系型需求的期望。这个定义接近于人际关系和组织关系质量的界定。刘人怀、姚作为（2005）对关系质量内涵的界定则强调消费者感知质量，认为关系质量是关系主体根据一定的标准对关系满足各自需求程度的共同认知评价。

综合上述学者的研究成果来看，对品牌关系质量内涵界定基本是一致的。类似于人际关系质量，品牌关系质量是对关系主体与品牌之间关系状态的评价。其中，关系主体主要是消费者，同时也包括其他利益相关者。品牌关系质量存在远近高低之分。高水平的品牌关系质量能够促进消费者重复购买的动机，有利于品牌价值提升和品牌延伸，增加企业产品或服务的价值。因此，长期维系品牌关系质量是持续实现品牌溢价的基础和源泉。

二、品牌关系质量的基本维度

在前文关于关系质量内涵的文献中，信任和满意被多次提及。在品牌关系质量基本维度研究的相关文献中，大多数的研究都涉及满意维度、信任维度与承诺维度。

国内外学者提出的品牌关系质量维度模型主要有两个研究视角。一是从关系主体之间互动的视角考察关系质量的维度。良好的品牌关系总是包括信任和满意两个因素。信任受到风险、可信度和亲密性影响，而满意则是前提和基础，是主动性和支持性的函数。莫尔和斯皮克曼（Mohr and Spekman，1994）在德威尔和欧（Dwyer and Oh，1987）提出的满意、信任以及减少机会主义行为维度的基础上，进一步提出良好的关系质量还包括承诺、合作、信任、沟通、参与以及冲突的共同解决。刘人怀、姚作为（2005）也认为，关系质量的维度包括关系主体之间的承诺、沟通、冲突解决以及双方关系管理等因素。

二是从关系利益视角考察关系质量的维度。斯托巴克、斯特兰德维克和罗鲁斯（Storbacka，Strandvik and Grönroos，1994）从新社会经济学视角提出，关系质量包含服务质量、顾客满意、关系强度、关系久度与关系赢利能力等因素，并进一步提出关系质量维度包含满意、承诺、沟通和联系等因素。值得一提的是，交易双方的关系是非线性的，而不是简单的双边关系，还存在利益相关者群体间的关系，并认为品牌是关系质量的指示器。

国内学者周志民等（2004）依据福尼尔（1998）的品牌关系质量的三维度结构，提出了狭义品牌关系三维度模型（认知、情感、意动）。之后，周志民（2006）构建了包括承诺/相关度、归属/关注度、熟悉/了解度、信任/尊重度、联想/再认度的品牌关系五维度模型。何佳讯（2006a）认为，中国情景下的品牌关系质量维度包括社会价值表达、信任、相互依赖、承诺、真有与应有之情和自我概念联结六个维度。许正良等（2012）在周志民（2004）对品牌关系分类的基础上，提出基于消费者价值的品牌关系有价值感知、品牌情感和品牌忠诚三个维度。

亚当·J. 马夸特（Marquardt，2013）则进一步将其精简为信任、满意与承诺三个维度，并验证了品牌交易双方关系质量维度包括满意、信任和承诺。这一观点得到了国内外学者较为普遍的认同。

关于品牌关系质量评价维度的主要观点见表 2. 2。

表 2. 2　　关于品牌关系质量评价维度的主要观点

研究者	年份	关系质量评价的维度
Crosby，Evans，Cowles	1990	关系质量是一个多维度的概念，至少包括信任和满意两个基本维度
Mohr，Spekman	1994	B－B 关系维度：承诺、平等、信任、沟通质量与参与、解决冲突的能力等
Fournier	1994，1998	品牌关系维度：互相依赖、亲密、爱与热情、自我连结、承诺、伙伴品质
Blackston	1995	品牌关系的成功要素：信任、满意
Kunmar，Scheer，Steenkamp	1995	关系质量维度：信任、承诺、冲突、对关系持续性的期望、对关系投资的意愿

续表

研究者	年份	关系质量评价的维度
Hennig-Thurau，Klee	1997	关系质量维度：对整体质量的感知、信任、承诺
Duncan，Moriarty	1997	强势品牌关系维度：信任、一致性、可到达性、响应能力、承诺、吸引力、喜爱度
Garbarino，Johnson	1999	关系质量维度：满意、信任和承诺
Holmlund	2001	关系质量维度：社会维度、经济维度、技术维度
张燚、张锐等	2003	生态型品牌关系结构包括：经济结构、政治结构、观念结构
周志民等	2004，2006	狭义品牌关系维度：认知、情感、意动；广义品牌关系维度：承诺/相关度、归属/关注度、熟悉/了解度、信任/尊重度、联想/再认度
Hyun Kyung Kim et al.	2005	关系质量维度：自我概念、满意、承诺、信任、熟悉
Gurviez，Korchia	2006	信任是品牌关系质量的核心变量，信任包括三个维度：可信度、真诚、善意
何佳讯	2006a	本土品牌关系质量包括社会价值表达、信任、相互依赖、承诺、真有与应有之情、自我概念联结
Katrin Kull	2007	B－B品牌关系质量维度包括：爱、自我连结、互相依赖、承诺、亲密、伙伴品质
Cleopatra Veloutsou	2007	关系质量维度：双向沟通、感情交流
武志伟、陈莹	2007	我国合作企业间关系质量维度：关系强度、关系公平性和关系持久性
阮平南、姜宁	2009	企业间关系心理维度：满意程度、对持续关系的期望、对关系追加投入的意愿
许正良等	2012	价值感知、品牌情感和品牌忠诚
Marquardt	2013	关系质量维度：满意、信任和承诺

资料来源：根据许正良、古安伟和马欣欣（2012）、侯立松和张燚（2014）、蔡丹红和裴来辉（2014）整理。

三、本节小结

综合上述分析，本书认为，品牌关系质量是消费者以及其他利益相关者对其与品牌之间联结的满意、信任和承诺的程度，也是利益相关者对互动关系满足各自要求的感知与评价的总和。品牌关系质量高，则品牌能够带给消费者和利益相关者更高的价值、更多的安全感和心理优越感，则组织具有更稳定的品牌关系和更高的持续发展能力与预期。依据是否存在直接交易，本书将品牌关系划分为消费者关系和社会公众关系。因此，本书对品牌关系质量划分为消费者关系质量和社会公众关系质量两大类，如图 2. 2 所示。

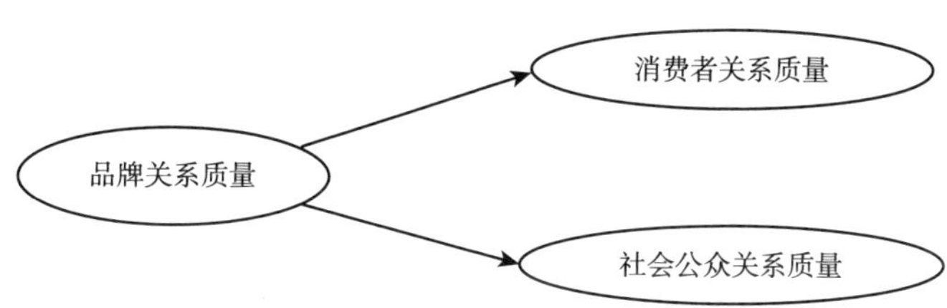

图 2. 2　本书对品牌关系质量维度的划分

第四节　品牌可持续发展的理论基础

一、可持续发展的相关研究

可持续发展原属于生态学、社会学和经济学范畴。随着研究的深入，学者们从各自不同的研究领域对可持续发展的基本内涵进行了不同诠释，按照强调的属性不同，可以分为以下四种类型（李龙熙，2005）。

1. 强调自然和生态属性的可持续发展

最先由环境生态学者提出来的可持续发展的概念，强调避免过度开发自然资源，追求生态环境的良性循环，并将可持续发展定义为：保护和加强环境系统的生产和更新能力，认为可持续发展是追求实现人类长期生存和自然生态环境的完整性的平衡。

自然和生态属性的可持续发展观强调，经济和社会发展不能以破坏生态环境的良性循环为代价，不能超越资源和环境的承载能力。可持续发展必须在保护环境和资源永续利用的前提下，进行社会经济建设，使人类的社会经济发展控制在资源和环境的承载力之内。因此，可持续发展强调了人类社会经济发展是在资源环境约束下，通过转变人类社会经济发展模式，实现社会经济的长期持续发展。

2. 强调社会属性的可持续发展

社会属性的可持续发展观强调，在人类可持续发展过程中，经济发展是基础，自然资源与生态环境是约束条件，社会进步才是最终目的。而且，经济发展、自然环境与社会进步三者又构成了一个相互作用和相互制约的大系统。在这个大系统中，经济发展、自然环境与社会进步并不总是能够保持协调一致。在经济发展、自然环境与社会进步三者不能保持协调一致时，应根据最终目标予以纠正，实现三者的协同发展。

3. 强调经济属性的可持续发展

经济属性的可持续发展观强调，可持续发展是在社会总成本极小化前提下，通过优化资源配置和技术进步，实现产能的扩大和质量的提升，促使整个社会财富增长和社会经济持续增长。经济属性的可持续发展观强调，可持续发展必须通过经济增长提高人们的生活水平，增强国家实力和积累社会财富。同时，也强调可持续发展不仅要重视经济增长的数量，而且要追求经济增长的质量。

4. 强调科技属性的可持续发展

科技属性的可持续发展观强调科技进步是实现可持续发展的核心动力。科技属性的可持续发展观认为，科学技术能够推动社会经济呈现突破性增长，表现出非线性的发展。在人类社会可持续发展的过程中，并非总是统一协调的，而是总是在各种冲突和矛盾中寻求平衡。可持续发展应该是允许来自其内在结构中的不和谐因素的存在。可持续发展的道路也不是唯一的（邱东、宋旭光，2006）。

简言之，自然资源和生态环境属性的可持续发展强调可持续发展不能超越自然资源和生态环境的承载能力与再生能力；经济属性的可持续发展强调可持续发展要在不损害经济的长期发展能力的前提下；社会属性的可持续发展强调尽可能地改善人类的生活品质；而科技属性的可持续发展则强调科技是实现可持续发展的手段，利用科学技术，在物质生产资料投入极小化和污染物极小化的情形下满足社会需求。总之，可持续发展注重社会、经济、文化、资源、环境和生活等各方面协调发展，借助科学技术手段，通过自然资源的持续利用和生态环境的良性循环，最终达到人类社会的全面永续发展。

二、管理学视角下企业可持续成长的相关研究

随着可持续发展思想被越来越多的人所接受，可持续发展思想不仅应用于宏观层面的自然环境、社会和经济领域，而且逐步扩展到了微观层面的企业管理领域。目前，关于企业可持续发展的理论研究中有可持续增长和可持续成长两种概念存在混用的现象。需要说明的是，“企业可持续成长”与“企业可持续增长”在本质上并无差异。在习惯上，从财务管理视角谈及企业可持续发展时采用“企业可持续增长”；从企业战略管理、运营管理等视角谈及企业可持续发展时采

用“企业可持续成长”。

关于企业可持续成长理论的流派较多，主要包括以下方面。

1. 基于古典经济学的企业成长观

古典经济学认为，通过分工能够带来规模经济，伴随企业规模的持续扩大带来了企业的持续成长。当然，因规模经济带来的企业持续成长是有限的。企业规模的扩大会导致管理成本增加，企业适应市场变化的能力下降，从而降低企业竞争力，企业规模不经济效应最终会超过规模经济效应，使企业停止成长（吴中超，2011）。

2. 基于资源基础观的企业可持续成长理论

伊迪丝·彭罗斯（Edith Penrose，1959）建立了企业资源—企业能力—企业成长的“资源基础观”分析框架，系统地提出企业成长理论，分析了企业成长的因素和企业成长机制。企业的内部资源，特别是战略性资源制约着企业的成长速度，并最终制约了企业成长空间（吴中超，2011）。

3. 基于核心能力、知识观和组织学习的企业可持续成长理论

企业能力理论把企业看作一个多种能力的集合体，企业对各种资源、技术的整合能力是企业成长的动力。因此，企业应建立动态的能力结构来保证在复杂环境下实现持续成长。在核心能力理论的基础上产生的企业知识论认为，决定企业能力的是企业所拥有的知识，企业知识决定了企业可持续成长的空间。企业之所以拥有知识是因为组织学习，通过自我超越、改善心智模式、实现共同愿景、团队学习以及系统思考的组织学习过程来实现可持续成长。基于学习型组织的企业可持续成长理论认为，企业从孕育、诞生、成长到成熟，过程中总会遇到各种约束，那么组织学习就决定了企业成长的上限。

4. 基于财务管理的可持续成长理论

从财务管理视角分析企业可持续成长的相关研究中，最具有代表

性的是罗伯特·希金斯的可持续增长模型。罗伯特·希金斯（1998）用在不需要耗尽财务资源的条件下企业销售额增长的最大比率作为企业的可持续成长率，并据此构建了企业可持续增长模型。在此基础上，詹姆斯·范霍恩（2000）明确界定了企业可持续成长率是在一定的经营、负债与股利支付比率下，企业销售所能实现的最大增长率。通过企业可持续成长率，学者们从企业可持续成长的实现机制量化分析公司可持续增长，并对不同产业的各类企业的可持续成长进行了大量的实证研究。

5. 基于创新的可持续成长理论

基于创新的可持续成长理论强调创新是企业可持续成长的强大动力。传统经济学认为企业的存在是为了追求利润最大化；创新理论则认为企业的存在是为了增加企业的价值，通过经营模式创新、市场创新、技术创新、制度创新、组织创新和文化创新，实现企业的可持续成长。

6. 基于绿色营销的企业可持续成长理论

绿色营销经历了生态绿色营销、环境绿色营销和可持续绿色营销三个阶段（Ken Peattie，2001）。绿色营销是有助于形成环境问题的和能够为环境问题补救的所有营销活动。肯·皮蒂（Ken Peattie，2001）认为，可持续绿色营销是能辨识、预测符合社会需求，并带来利润及永续经营的管理过程。随着研究的深入，绿色营销的内涵不断深入，外延不断扩大。可持续绿色营销从关注在对自然界影响最小的同时满足人类需求和愿望的交换活动，逐步扩大到关注在符合自然社会长期发展的前提下，实现企业的永续经营。

上述学者从不同的角度论证了企业可持续发展的前提、动力和评价等方面。综合来看，企业可持续发展是在追求企业生存和发展的过程中，既要考虑到当前企业经营和提高企业市场地位，又要保持企业在未来的竞争中实现持续的盈利和发展。

综合可持续发展的相关文献，发现可持续发展理论包括四个层面：宏观层面的自然资源、生态环境、社会经济和科学技术等；产业层面的产业组织理论等；企业层面的创新理论、企业生命周期理论、企业资源理论、企业能力理论、企业知识理论和组织学习等；管理职能层面的财务可持续增长模型、绿色制造和绿色营销等，如图 2.3 所示。可持续发展理论研究表现出从最初的自然资源和生态环境的宏观层面逐步深入和微观化的趋势。从微观的职能层面不同角度讨论可持续发展成为当前众多国内外学者们关注的焦点。本书将在可持续绿色营销的基础上，进一步讨论品牌的可持续发展以及品牌可持续性。

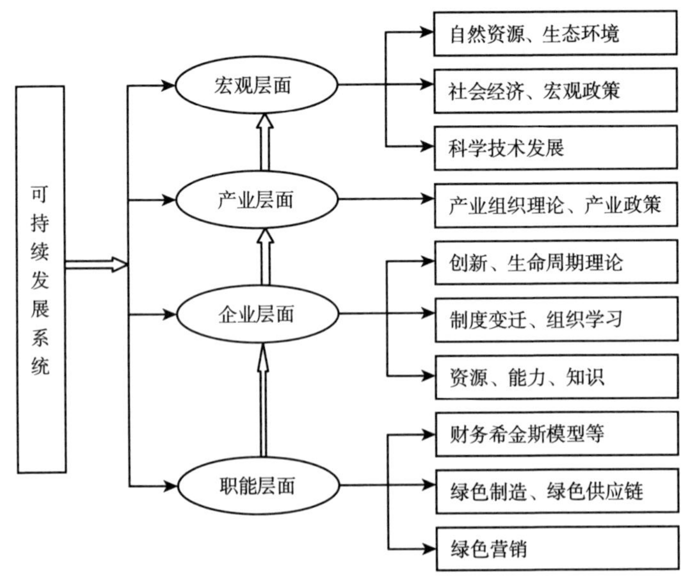

图 2.3　可持续发展理论的四个层面和主要的可持续发展（成长）理论

资料来源：在何元斌（2009）可持续发展三层次的基础上，本书将可持续发展系统总结归纳为四个层面。

三、品牌可持续发展的相关研究评述

传统的品牌理论研究从静态角度分析品牌定位、品牌资产、品牌管理以及品牌关系。但是，随着市场经济的发展和品牌研究的逐步深入，理论界和实践界对品牌的动态管理和演化产生了较为迫切的需求。于是，学者们提出了基于动态视角的品牌理论。目前，基于动态视角的品牌研究文献还比较少，主要集中在品牌生命周期理论、品牌进化理论和品牌可持续发展三个方面。

1. 品牌生命周期理论

有学者认为，品牌也类似于产品生命周期，提出了品牌生命周期理论。菲利浦·科特勒（Kotler P.，1965）认为，品牌和产品同样具有生命周期，并将品牌生命周期定义为品牌经历从出生、成长、成熟到最后衰退并消失的过程。随后，西蒙（Simon H.，1979）通过实证研究确认了品牌生命周期的演变过程。通过检索文献可以看出，品牌生命周期理论的研究文献可以分为两个方面：一是关于品牌生命周期阶段划分以及各阶段的特征；二是关于品牌老化与激活。

（1）品牌生命周期的阶段。

自菲利浦·科特勒提出品牌生命周期理论以来，中外学者对品牌生命周期展开了深入讨论。约翰·菲利普·琼斯（Jones J P.，1999）认为，通过有效的品牌管理可以避免品牌的衰退和消失，他把品牌发展过程分为孕育形成阶段、初始成长周期阶段和再循环阶段。

潘成云（2000）把品牌生命周期划分为五个阶段，依次经历导入期、知晓期、知名期、维护与完善期和退出期，并依据品牌发展阶段的特点，提出了相应的营销策略。陆娟（2002）认为，品牌进入成熟期后不意味着必然衰退，品牌并不会严格遵循生命周期的演化过程。

潘成云（2000）认为，品牌生命周期是指品牌的市场生命周期，可以分为静态全周期（如图 2. 4 所示）和动态全周期（如图 2. 5 所示）。

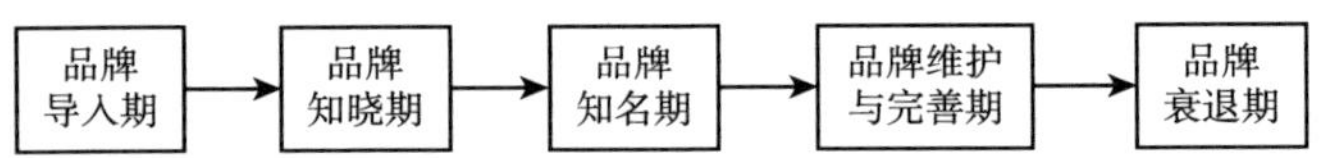

图 2. 4　品牌市场生命周期理论静态全周期

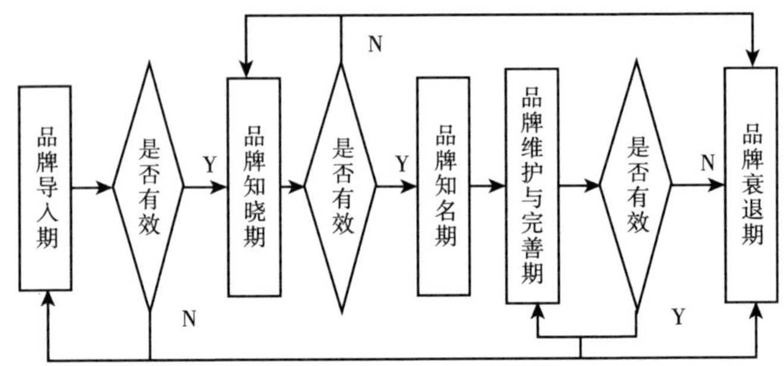

图 2. 5　品牌市场生命周期理论动态全周期

许安心（2007）从潘云成对品牌生命周期的划分出发，提出品牌从市场导入到消失的完整的品牌生命周期经历了五个阶段，依次为品牌知名度与认知度培育期、品牌美誉度培育期、品牌忠诚度培育期、品牌信仰培育期和品牌衰退期，如图 2. 6 所示。

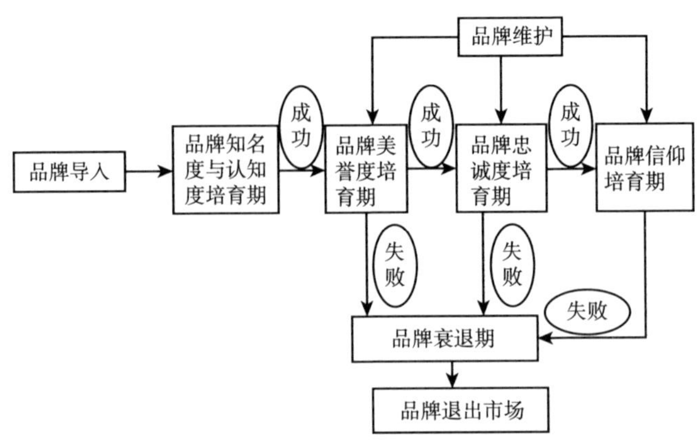

图 2. 6　品牌生命周期理论示意

李飞（2015）研究发现，中华老字号品牌有着不同于一般品牌的生命周期，包括成长、成熟、老化和休眠四个阶段。他提出，对于成长期的老字号品牌采取维持策略；对于成熟期的老字号品牌采取保健策略；对于老化的老字号品牌采取激活策略；对于休眠的老字号品牌则采取唤醒策略。老字号品牌发展阶段不同，采取的营销对策也应不同。无论采取何种策略，核心都是打造品牌的差异化竞争优势。

（2）品牌老化与激活。

虽然菲利普·科特勒（1965）提出了品牌从出生、成长、成熟到最后衰退并消失的品牌生命周期，但菲利普·科特勒本人也说明品牌生命周期并不是一个简单的从出生到死亡的过程。品牌能脱离具体特定产品而独立发展。因此，会出现产品可能因进入衰退期而逐步退出市场，但品牌却不会退出市场的现象。

约翰·菲利普·琼斯（Jones J. P.，1999）明确指出，品牌的生命周期是一个自我实现的概念，而不是一个自然生长的概念。因此，品牌发展过程并不完全遵循成熟以后必衰退的规律。勒胡（Lehu，2004）认为，品牌开始被消费者忽视，即表明它开始衰老。在品牌管理中，解决品牌老化的更好方法是激活品牌（卢泰宏、高辉，2007）。当然，老品牌不一定就有品牌老化的问题（卢泰宏、高辉，2007）。品牌激活是采取一种具有持续吸引力的营销战略（Brown、Kozinets and Sherry，2003）。之所以能够激活或重新推出一个早期的品牌，是因为依靠消费者的怀旧情结和消费者对老品牌的信任与忠诚也能获得竞争优势。

2. 品牌进化理论

品牌进化理论认为，品牌类似于生态学上生物的进化，即品牌可以由初级阶段进化到高级阶段。品牌进化理论的研究范畴包括品牌进化的内涵、品牌进化的动力机制等方面。现有品牌进化理论文献关注于品牌进化的影响因素研究，主要包括以下四个方面。

（1）品牌生态环境。

品牌生态环境是影响品牌进化的各种生态因子所构成的系统。高松和庄晖（2007）基于达尔文生物进化思想讨论了品牌面临的生态环境以及对品牌进化的影响。蒋小钰（2008）提出应发展品牌环境生态学，并确定研究内容包括品牌生态环境的概念、组织与结构、功能与作用方面。杨保军、景娥、王金云（2010）将品牌生态环境因素划分为外部环境因子和内部环境因子。外部环境因子是由政府、顾客等构成的经济、社会、地缘等因素。内部环境因子是由企业内部技术、产品、员工构成。品牌内外部环境因子相互作用形成合力，推动品牌的发展。

（2）品牌生态位。

伴随着品牌进化理论研究的细化，生态位概念被引入品牌研究，逐步形成了品牌生态位理论。品牌生态位理论认为，品牌犹如生物物种，品牌生态位则是由诸多单一品牌或是诸多品牌所构成的种群在品牌群落中的时空位置以及功能关系。生物进化是生态位的不断分化和多样化。生态位相似的物种间会争夺生态位空间。生态平衡时，各个生物物种的生态位基本不重合。若有重合，则是不稳定的，必然会通过物种间的竞争来减少生态位的重叠，直到生态位基本不重合的平衡状态为止。从品牌生态位来看，品牌与外部环境通过资源利用与循环、信息传递，与生态位相似的品牌争夺市场空间。借助生物物种生态位竞争的竞争排除原理，可以引申出品牌生态位竞争的三个基本策略：一是差异化的品牌定位策略，根据品牌自身的资源组合选择区别于竞争品牌的定位，形成品牌错位经营；二是品牌生态位拓展策略，品牌根据环境变化不断拓展和调整品牌生态位；三是品牌虚拟生态位策略，通过发挥自身的知识优势，对外部资源和力量进行有效整合，拓展自己的生态资源，达到提高品牌竞争力的目的。

（3）品牌基因。

生物基因是具有遗传效应的 DNA 片段。基因储存着生命的特征的全部信息。品牌基因理论认为，品牌具有生命体特征，自创建起品牌的发展就受到品牌基因的影响。张文泉（2012）认为，品牌基因的表征、遗传和变异是品牌基因研究的关键问题，应从实现品牌的形象和概念认知品牌基因，也是品牌进化设计的方法论基础。杨保军和黄志斌（2013）认为，品牌基因是具有显著文化表征的，具有遗传特征的知识体系，包含文化基因和产品基因在内的多种遗传信息，是决定品牌进化的基本依据。周骏宇（2006）把品牌基因和品牌进化进行了结合，认为在品牌进化的过程中，品牌基因使品牌保持连续性。同时，品牌基因不断接纳来自品牌环境和竞争对手的作用，对自身品牌基因进行改造。品牌基因在进化动力机制的作用下随时间而发生一系列不可逆的演变过程（杨保军，2010；杨保军、黄志斌，2015）。基因理论被引入管理领域，使品牌个性、品牌差异化得到了新的解释。

（4）企业吸收能力。

无论是品牌生命周期理论、品牌生态位理论，还是品牌基因理论，都认为品牌存在进化的现象。品牌知识在创新与更替中实现品牌进化。品牌进化的过程，实际上是企业对外部品牌知识吸收的过程。因此，品牌进化效率的高低取决于企业吸收品牌知识能力的大小。企业吸收能力理论的研究，对未来品牌进化绩效和品牌发展具有重要影响（杨保军、黄志斌，2015）。

3. 品牌可持续发展

通过检索品牌可持续发展的相关研究文献可以发现，国外学者讨论品牌可持续发展的文献不多，而国内理论界和实践界对品牌可持续发展战略具有较高的关注度，主要是从品牌可持续发展战略的影响因素和区域品牌可持续发展的影响因素两个方面，且大多是规范性的讨论。

（1）品牌可持续发展战略的影响因素。

肖华茂、彭剑（2011）认为，文化是品牌可持续发展的核心竞争力，通过分析文化与品牌的内在逻辑关系，提出了构建文化提升品牌可持续发展核心竞争力的措施。温炎、许正良、古安伟（2012）从国家政策与制度环境因素、消费文化因素以及资源环境约束三个方面分析了对本土品牌可持续发展的影响，提出了加快本土品牌核心价值塑造，加速本土品牌国际化进程，推动中国本土品牌持续发展。

（2）区域品牌可持续发展的影响因素。

郭克锋（2011）把区域品牌可持续发展的影响因素分为主观因素与客观因素。主观因素包括区域品牌生产者、消费者及其他利益相关者的因素；客观因素包括客观上存在、不因人的不同而受影响的因素。区域品牌需求、产权、基础与关系直接对品牌可持续发展产生正向影响，从而影响区域品牌可持续发展。

四、本节小结

综合上述研究成果，可以将品牌可持续发展定义为品牌在市场竞争中能够长期生存与发展的过程。涉及品牌可持续发展的文献基本可以分为四类：一是从品牌生命周期方面讨论避免品牌发展不同阶段的危机或失败，对品牌不同发展阶段采用不同的品牌策略，推动品牌的可持续发展；二是从品牌进化方面讨论实现品牌持续进化的生态环境因素、品牌生态位因素、品牌基因和品牌知识等，推动品牌的可持续发展；三是从品牌关系方面讨论品牌关系断裂与品牌关系再续，恢复和激活品牌，实现品牌的可持续发展；四是从品牌战略方面探讨品牌可持续发展的影响因素，实现品牌的可持续发展。究其根本目的都是实现品牌的长期生存和发展，只是出发点和视角有所不同。

第三章　理论模型与研究假设

第一节　基于品牌关系质量的品牌可持续性理论模型构建

一、品牌可持续性的界定

（一）品牌可持续性内涵表征的专家调查

在品牌可持续发展理论和企业可持续成长的理论基础上，本书采用专家调查法以厘清品牌可持续性的核心内涵。本书刻意回避了经济学领域的专家，而选择了管理学领域的学者和企业高层管理人员。本书采用专家独立访谈的方式进行调查，调查分为三个阶段。第一阶段，本书基于管理学视角的品牌可持续性内涵提出 13 个表征选项。请专家依据各自的理解从中选择出品牌可持续性的表征选项，并鼓励专家提出新的表征选项。第二阶段，请专家在 22 个表征项（本书提出的 13 个表征项和专家提出的 9 个表征项）中选择出不多于 5 个选项，且不可提出新的选项。第三阶段，请专家在 6 个表征项（在第二次专家调查结果中被选择 6 次以上的表征项）中选择出不多于 3 个选项，且不可提出新选项。调查结果见表3.1。

表3.1　基于管理学视角的品牌可持续性内涵表征的调查统计

项目	第一次调查结果（15名专家）	第二次调查结果（12名专家）	第三次调查结果（14名专家）
专家选择项	品牌文化（6人次）、品牌竞争力（12人次）、品牌满意（15人次）、品牌忠诚（14人次）、品牌信任（12人次）、品牌价值（13人次）、品牌承诺（10人次）、品牌优势（12人次）、品牌关系强度（8人次）、品牌联结（8人次）、品牌生态环境（12人次）、品牌产权（14人次）、品牌知识（5人次）	品牌价值（10人次）、品牌满意（6人次）、品牌忠诚（10人次）、品牌生态位（5人次）、品牌长期竞争力（10人次）、品牌承诺（4人次）、品牌信任（6人次）、品牌长期竞争优势（8人次）	品牌忠诚（12人次）、品牌长期竞争力（10人次）、品牌价值（6人次）、品牌长期竞争优势（5人次）、品牌满意（3人次）
专家提出项	品牌寿命（1人次）、品牌资产（2人次）、品牌更新（2人次）、品牌管理能力（4人次）、行业变革（1人次）、竞争压力（4人次）、技术进步（2人次）、政策支持（1人次）、企业能力（2人次）	不可提出新选项	不可提出新选项

注：括号中的数字为前面选项被专家选择的人次数。

本书的专家调查结果显示，品牌可持续性内涵表征项呈现逐步集中的趋势，专家选项的人次数从大到小排列为：品牌忠诚（12）>品牌长期竞争力（10）>品牌价值（6）>品牌长期竞争优势（5）>品牌满意（3）。

（二）本书对品牌可持续性的界定

本书认为，品牌可持续性是在激烈的市场竞争中，维持品牌能够保持长久的竞争优势，增强品牌持续发展能力，在品牌管理过程中既发挥其短期的溢价作用，又同时确保品牌投资获取长期的收益最大化。品牌可持续性的重点不在自然环境与人类社会的协调发展上，而是品牌—利益相关者关系质量的持续提升，以使品牌长期续存并获得收益。品牌可持续性表现为长期维系品牌关系，延长品牌生命周期。

从上述界定可以看出，品牌可持续性是抽象的、潜在的，不是具体的、可观察的，因而不能直接进行测量，只有对其所代表的现象进行描述，即构念的操作化。品牌可持续性是品牌续存期长短的预期。品牌可持续性低，则预期品牌续存期短；品牌可持续性高，则预期品牌续存期长。

结合前文关于品牌可持续性专家调查结果，本书认为，品牌可持续性可以从品牌忠诚和品牌长期竞争力维度来反映。究其原因，一是从当期来看，品牌可持续性高表现为消费者愿意重复购买该品牌，并且对该品牌具有较高的忠诚度，以及品牌有能力长期保持较强的竞争力。二是本书研究焦点是品牌关系质量对品牌可持续性的影响，品牌可持续性的发生机理不是本书研究的内容。因而，对品牌可持续性的测度没有必要采用构成性指标，而是采用反映性指标。若采用构成性指标必须具有完整的指标体系，否则研究结果的信度就不能满足要求，这极大地增加了研究难度。虽然本书仅用这两个测量维度并不能全面地反映品牌可持续性这一构念的全部内涵，但是这两个测量维度均属于反映型指标，缺少某个指标并不影响结构方程模型的完整性。因此，本书从品牌忠诚和长期竞争力维度对品牌可持续性进行测度。

1. 品牌忠诚

已有文献对品牌忠诚的理解大致经历了消费者购买行为、品牌忠诚的行为和态度、品牌忠诚综合三个阶段。现有主要文献对品牌忠诚的界定见表3.2。

表 3.2　　　　　　　　品牌忠诚内涵界定一览

研究者	年份	品牌忠诚的内涵
Day et al.	1969	品牌忠诚是消费者对特定品牌的一种态度，这种态度反映了消费者对该品牌的偏爱程度
Jacoby et al.	1971	品牌忠诚是消费者对特定品牌的一种有效的购买行为，它通过不断地重复来强化与该品牌之间坚定的承诺
Eisman	1990	品牌忠诚是指消费者持续购买同一品牌的规律性
Assae et al.	1993	品牌忠诚是消费者基于对品牌体验的满意而做出的重复购买行为
Deighton et al.	1994	品牌忠诚指的是消费者基于满意的购买经验而对特定品牌产生的偏好
Joel	1994	品牌忠诚指的是消费者为减少购买的时间成本和风险而持续重复购买同一品牌产品的趋向
Kinnear	1995	品牌忠诚是消费者喜欢某品牌而表现出的重复购买行为
Waren	1995	品牌忠诚是在品牌满意基础上消费者持续消费该品牌的行为
Allen et al.	1996	品牌忠诚是指消费者对同一品牌的重复消费行为和态度偏好
Baldinger et al.	1996	品牌忠诚是对态度忠诚和行为忠诚的总称
屈云波	1996	品牌忠诚是消费者对品牌的感情尺度，表明消费者进行品牌转换的可能性
Cavero et al.	1997	品牌忠诚是指消费者不考虑其他品牌而只倾向于某一品牌的偏好
Oliver	1999	品牌忠诚是消费者对自身偏爱的品牌所坚持恪守的承诺，旨在抗拒导致品牌转换行为发生的情景影响和营销效应
王元勇等	2002	品牌忠诚是对消费者再次购买的趋向和购买百分比的概括
高翔	2012	品牌忠诚与心理决策评估过程紧密相关，是消费者情感反应的一种过程，也体现为具有偏好的购买趋向

资料来源：根据何庆丰（2006）、高翔（2012）等整理。

综合来看，上述对品牌忠诚内涵界定的观点可归纳成两大类：第一类是通过消费者重复消费频次来反映品牌忠诚。消费者在一段时间内重复消费或购买某品牌产品或服务的次数反映了消费者对这一品牌的品牌忠诚，频次越高则品牌忠诚越高，频次越低则品牌忠诚越低。这类根据消费者购买频次来反映品牌忠诚存在明显的局限，它仅适用于非耐用消费品品牌，而不适用于耐用消费品等其他产品品牌。第二类是通过消费者对品牌的喜爱程度来反映品牌忠诚。当消费者对某品牌具有持续的偏好越强烈，则消费者对此品牌忠诚越高，消费者愿意与品牌之间建立情感联系，甚至发展到亲密情感和心理依恋。

2. 品牌长期竞争力

国外学者对品牌竞争力的研究文献较少，而国内学者的研究文献相对较多。吕艳玲、王兴元（2012）对国内外品牌竞争力的研究文献进行了归纳，并总结为能力视角和表现力视角两个方面。

（1）表现力视角下的品牌竞争力强调品牌的市场表现，是品牌的“流”（胡大立等，2005）。许基南（2004）具体将品牌竞争力界定为品牌与其他品牌在市场竞争中表现出的满足消费者需求的能力。这种品牌能力是相对于竞争品牌的，在市场竞争中具体表现出市场份额的大小和利润的高低。因此，从现有的市场表现来反映品牌竞争力，这种表现力视角的品牌竞争力是静态的品牌竞争力。

（2）能力视角下的品牌竞争力强调支持品牌发展的各种能力集合，是品牌的“源”（胡大立等，2005）。近年来，企业能力理论引起了众多学者的研究热情，出现了大量的研究成果和多种不同观点。能力视角下的品牌竞争力也就水到渠成了。品牌竞争力被认为是企业拥有的塑造强势品牌并支持强势品牌持久发展的能力。汪波、高辉（2006）认为，这种品牌竞争力是多种不同能力的组合，并将其划分为品牌竞争内力和品牌竞争外力。品牌竞争内力是企业内在的、受企业自身控制的竞争能力；品牌竞争外力是市场、消费者和行业政策等，不受企业自身控制的竞争能力。无疑，汪波、高辉（2006）的研究有力地推进了品牌竞争力的研究，但却遇到品牌竞争力如何衡量的困难。吕艳玲、王兴元（2012）提出了建立在动态能力理论基础上，由五大要素构成的品牌竞争力演进的动态模型，通过品牌意识与决策、品牌资源和能力、品牌生态环境、隐性品牌竞争力和显性品牌竞争力五大要素相互作用形成了品牌竞争力。

综上所述，品牌竞争力的表现力观和能力观，是从反映性指标和构成性指标两个方面来说明品牌竞争力的内涵，但未区分长、短期品牌竞争力。而吕艳玲、王兴元（2012）区隔了显性品牌竞争力和隐性品牌竞争力，显性品牌竞争力是品牌在当前市场竞争结果的反映，如市场占有率、利润率、品牌知名度、品牌美誉度和品牌忠诚度等；隐性品牌竞争力是反映品牌企业的品牌差别化优势以及顾客的品牌感知价值优势，如品牌差别化优势、顾客对品牌的感知价值优势等。虽然显性品牌竞争力能够为品牌带来短期品牌优势，但是如果忽视了隐性品牌竞争力，在市场环境发生变化时品牌竞争力就会减弱甚至荡然无存。因此，本书认为，长期品牌竞争力是显性品牌竞争力和隐性品牌竞争力综合的结果。

需要说明的是，品牌可持续性和品牌竞争力都来源于品牌资源、知识和能力的综合运用，而且长期品牌竞争力的培育无疑是有助于增强品牌的可持续性，品牌可持续性也需要长期品牌竞争力的支撑。虽然二者具有较高的关联性，但存在着显著差异。第一，两者关注焦点不同。品牌可持续性是通过资源和能力配置维系品牌关系来实现品牌续存期的延长，而品牌竞争力是通过资源和能力配置来获取品牌区别或领先于竞争对手的市场力量。因此，不同的关注焦点致使对资源和能力采用不同配置方式。第二，两者状态表现不同。品牌竞争力的状态是具有相对优势的市场份额和品牌溢价能力。而品牌可持续性的状态是品牌关系质量的反映，表现出关系的联结程度。品牌竞争力强不等同于品牌可持续性高。曾经给企业带来了丰厚的财务收入的“秦池”“三株”等品牌竞争力不可谓不强，然而由于品牌可持续性低，这些品牌未老先衰。品牌竞争力低也不等同于品牌可持续性差。虽然在我国许多“老字号”一度品牌竞争力不强，但仍能长期续存，甚至通过品牌激活焕发青春。

二、理论模型构建

（一）品牌可持续性取决于品牌与利益相关者关系的长期维护

品牌可持续性是在市场竞争中，维持品牌长期的竞争优势，增强品牌持续发展能力，在品牌管理过程中既发挥其短期的溢价作用，又同时确保品牌投资获取长期的收益最大化。第一，品牌的利益相关者（以消费者为主）的积极参与和支持体现了良好的品牌与利益相关者的关系，有利于品牌价值的提升。第二，利益相关者之间的互动关系还会对利益相关者（包括消费者）的品牌认知产生重要影响。借助品牌与利益相关者的关系网络，能够吸引消费者的注意力，影响消费者的态度和行为。第三，品牌与利益相关者建立了紧密关系，消费者更加支持品牌，也更易包容偶发的不满意，可以减低危机发生时可能对品牌的伤害。

总之，良好的品牌与利益相关者关系有利于消费者获取和保留，能够提高品牌溢价，提高品牌持续盈利能力。因此，本书认为，品牌可持续性取决于品牌与利益相关者关系的长期保持和发展。

（二）品牌可持续性是品牌与利益相关者关系质量持续改进的结果

按照ISO9000：2008《质量管理体系 基础和术语》的定义，质量是一组固有特性满足要求的程度，包括产品/服务质量、工作质量以及过程质量。“持续改进”是质量管理的基本原则之一，最早沃特·阿曼德·休哈特（Walter A. Shewhart）于20世纪20年代提出了“计划—执行—检查（Plan-Do-See）”的质量持续改进方法。之后，戴明将其进一步完善，发展成为“计划—执行—检查—处理（PDCA）”的质量持续改进模型（苏伟论，2003）。

本书认为，质量管理的持续改进模型适用于对品牌关系质量的持续改进活动。品牌与利益相关方之间的互动过程和行为是建立在信任和自律基础上的以相互认可的合作规则、方式和内容所开展的交易、合作过程和行为。品牌与利益相关者对互动关系满足各自要求的感知与评价总和，构成了互动过程的关系质量，是过程质量的重要组成部分。随着市场发展，品牌与利益相关方之间的互动关系可能得到巩固和提升，也有可能关系恶化和断裂。换言之，品牌关系质量可能会得到提升，也可能会降低。极端的情况是品牌关系断裂，关系质量处于极端不满意状态。与产品质量相似，品牌关系质量可以进行持续改进，从而提高品牌可持续性。品牌所有者需要密切关注品牌关系质量的现状、变动趋势，并分析原因（C/S阶段）；及时调整品牌策略（A阶段）；制定计划维护和改进品牌关系（P阶段）；执行品牌计划（D阶段），并连续地进行PDCA循环以改进品牌关系质量，保持和促进品牌的可持续性。因此，应用PDCA循环对品牌关系质量进行有目的、有计划的连续不断的改进，对提高品牌关系质量起着关键作用，是完成品牌可持续发展的必由之路。

（三）本书理论模型的构建

在对上述研究趋势的理解和把握的基础上，本书认为，品牌可持续性取决于品牌与利益相关者关系的长期保持和发展，是品牌与利益相关者关系质量持续改进的结果。为了对利益相关者关系质量展开进一步研究，有必要对众多的利益相关者进行分类研究。正如前文所述，虽然国内外学者对利益相关者分类进行了研究，但到目前为止并无一致被认可的分类方法。这不仅是因为难以识别和衡量所有利益相关者及其权重，而且是因为研究目的或样本的不同而选择了不同的分类方法。根据本书的研究目的和研究便利性，本书在克拉克森（Clarkson，1994）、周志民和卢泰宏（2004）将与品牌互动的主体区分为消费者和利益相关者的两分法基础上，选取消费者作为品牌关系的直接利益相关者，选取社会公众作为品牌关系间接利益相关者。这一分类既能够突出重点，明确品牌关系的核心是品牌与消费者关系，又能涵盖品牌与其他利益相关者的关系。

本书选取消费者作为品牌关系的直接利益相关者，是因为品牌价值来自消费者的认可。没有消费者的认可，品牌价值就丧失了存在的基础，品牌可持续性也就无从谈起。可以说，消费者是品牌关系中最根本的直接利益相关者，品牌与消费者的关系质量是决定品牌可持续性的关键要素。

本书选取社会公众作为品牌关系的间接利益相关者，原因有二：一是消费者和社会公众对品牌的关注焦点不同。何佳讯（2000）指出，不同利益相关者对品牌的关注焦点是不同的。消费者关注重点是产品品牌，社会公众更关注社会责任承担方面。在强调消费者利益时，易于忽视社会的长期利益。因此，需要重视短期的消费者利益与长期的社会福利之间的平衡，有必要从消费者和社会公众两个方面讨论品牌的关系质量。二是从社会营销来看，组织在满足消费者需求、追求利润的同时，应兼顾社会效益，要做到消费者、组织和社会三方面利益都要兼顾，才能实现可持续发展。可以说，社会公众对品牌持续发展影响最大，代表的是利益相关方最多的品牌关系间接利益相关者。因此，应当关注社会公众的要求和利益，应把社会公众作为重要的间接利益相关者。

结合前文的分析，本书认为，品牌可持续性是建立在品牌—消费者关系质量和品牌—社会公众关系质量的基础上，是否持续改进品牌—消费者关系质量和品牌—社会公众关系质量影响了品牌可持续性。因此，本书构建了图 3. 1 的左半部分。同时，依据本书对品牌可持续性内涵的界定，采用了反映性指标——品牌忠诚和品牌长期竞争力作为品牌可持续性的两个测量维度，如图 3. 1 所示的右半部分。简言之，本书采用品牌忠诚和品牌长期竞争力来反映品牌可持续性，并讨论消费者关系质量对品牌可持续性的影响，以及社会公众关系质量对品牌可持续性的影响。整体来看，本书构建了如图 3. 1 所示的理论研究模型。根据此模型，本书将分别从消费者关系质量和社会公众关系质量讨论对品牌可持续性的影响，进而提出本书的研究假设。

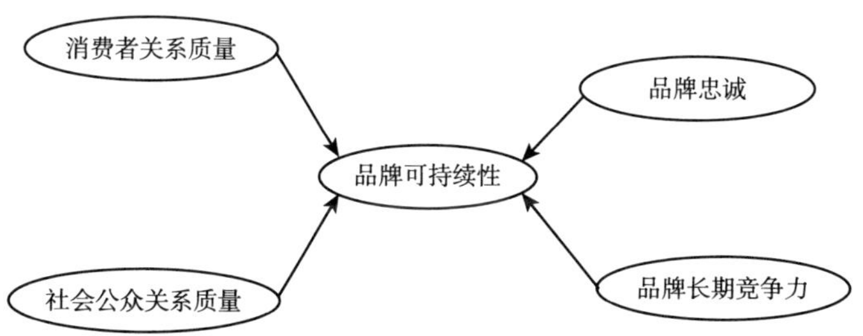

图 3. 1　基于品牌关系质量的品牌可持续性的研究模型

第二节　基于消费者关系质量的品牌可持续性研究假设

一、品牌与消费者的互动关系

从前文中可以看出，许多学者认为品牌关系是品牌与消费者双向互动的关系，也就是把品牌关系视同于品牌与消费者关系。例如，布莱克斯顿（Blackston，2000）认为，品牌关系或品牌与消费者关系不仅包含消费者对品牌的认知、态度和行为，而且还包括品牌对消费者的态度和行为两个方面。可以认为，品牌关系是品牌与消费者之间的多元互动关系。国内学者马永生（2001）进一步将品牌关系描述为品牌与消费者之间互动的、个性化的、长期的、以增加价值为目标的接触、交流和沟通。周志民和卢泰宏（2004）把与品牌互动的主体区分为消费者和利益相关者，即狭义的品牌关系是品牌与消费者关系，广义的品牌关系则是品牌与利益相关者的关系。古安伟（2012）认为，在品牌关系中品牌作为主动参与方，首先通过品牌所代表的企业价值观与文化、企业形象、传播、质量、定价和其他市场行为展示品牌对消费者的态度和行为。之后，被消费者主观感知而形成品牌认知，进而影响消费者的品牌态度和行为。同时，品牌也会根据消费者的态度和行为来调整品牌定位和市场行为，这样就形成了品牌与消费者的互动关系。此外，亚历山大等（Mc Alexander et al.，2002）等构建的品牌社群理论模型，王兴元（2004，2008，2010）、张燚和张锐（2005）等提出的生态型品牌关系模型，都认为品牌关系是品牌与利益相关者的交互动态、复杂并不断变化的关系。与此同时，他们还强调品牌与消费者关系是这些众多关系中最为基础和重要的关系。

综合来看，学者们的观点大致可以分为两种：一种是认为品牌关系就是品牌与消费者关系；另一种是认为与品牌存在交互作用关系的主体都与品牌构成了品牌关系，其中，品牌与消费者关系是众多品牌关系中最根本的关系。本书认为，品牌与消费者关系是品牌与消费者互动过程中建立起来的互动的动态关系，是品牌关系中的核心内容。

二、品牌与消费者关系状态及其评价

品牌与消费者关系状态，或称关系形态，是根据互动过程中的彼此态度和行为表现出多种不同的关系形式。学者们按照不同角度，对品牌与消费者关系的状态进行了研究。由于影响品牌与消费者关系的因素众多，表现出形态各异的关系状态。为了全面描述和评价品牌与消费者的关系状态，测度关系质量逐步成为评价品牌关系状态的主要方法。

从前文文献分析中可以看出，学者们采用关系质量来评价品牌与消费者的关系状态。虽然学者们对关系质量构成维度并未达成一致认识，但是满意、信任和承诺作为关系质量的基本维度得到了大多数中外学者的认同。本书认为，从“满意—信任—承诺”与“价值感知—情感—忠诚”的内在联系上看，它们存在较高的相似性，只是在维度划分和描述上存在差异。当然，许正良等（2012）的研究强调了消费者价值在品牌关系中的重要作用，不仅说明了品牌价值感知、品牌情感和品牌忠诚对品牌消费者关系的影响，而且还说明了三者之间的关联与递进关系，丰富了品牌与消费者关系质量的测量维度。

在实证研究方面，俞林（2015）从消费者与品牌的互动关系入手，讨论了关系质量维度之间的关系。他将品牌信任划分为转移信任和经验信任两类，并以手机和洗发水品牌为例，运用结构方程模型分析发现，转移信任对消费者满意的直接作用非常明显，转移信任能够引起消费者满意，同时消费者满意对经验信任的影响显著，消费者满意能够导致经验信任，如图 3.2 所示。实证结果验证了满意—信任—承诺之间存在关联和递进的关系。需要说明的是，基于认知的转移信任是在消费者首次购买决策时，由于消费者与品牌产品不存在直接联系，消费者需要依靠信息源而获得关于品牌产品的认知。这种认知源于消费者对信息源的可信程度而主观地做出对品牌产品的信任行动。转移信任关系在客体上从对品牌的信任转换为对信息源的信任。因此，严格来讲，转移信任不属于品牌信任。

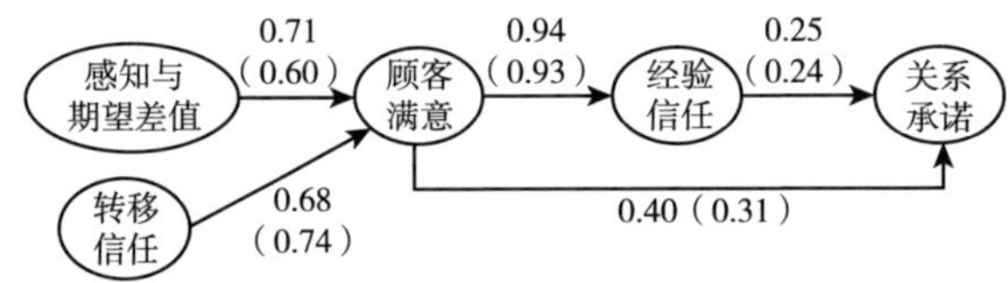

图 3.2　品牌与消费者关系质量维度之间的关系

注：括号内为洗发水品牌的路径系数，无括号的为手机品牌的路径系数。

资料来源：俞林．品牌信任、顾客满意及关系承诺［J］．中国流通经济，2015（3）：101－107.

一般地，满意是对产品、服务或过程的评价。不满意评价会导致关系的恶化或断裂，以致重新选择合作伙伴。满意的评价是继续合作的前提，在满意的基础上，才能增进双方信任。通过改进影响信任的因素，使消费者信任品牌并产生忠诚。信任是对品牌资源质量和品牌动态管理能力的评价。在信任的基础上，才能相信对方承诺并作出自己的承诺。通过改进承诺的影响因素，使消费者对品牌产生情感依恋。承诺是对互动的经济行为嵌入程度的评价，体现为对未来互动行为可预测的信心。可以说，满意是关系质量的基础；信任是在满意基础上关系的进一步提升发展而来，是关系质量的更高层次；而承诺是在信任的前提下，形成品牌的情感依恋，是关系质量的最高层次。

三、研究假设的提出

结合前文的分析，本书将品牌满意、品牌信任和关系承诺作为品牌与消费者关系质量的三个测量维度，并提出研究假设。

1. 品牌满意影响品牌的可持续性

满意是指消费者对品牌满意，是消费者通过对消费后心理的可感知效果与消费前心理的期望值进行主观评价之后，形成的愉悦或失望的心理感觉状态。而品牌满意是指消费者的品牌满意，是消费者对所选品牌满足或超过其期望的主观评价的结果，它是消费者将消费前期望和消费后感知进行比较后的一种心理状态。

一方面，品牌满意是形成品牌忠诚的基础条件（许正良等，2012）。消费者之所以对品牌产生喜爱并积极追求，其前提必定是建立在品牌满意的基础之上。在消费者心理上建立了品牌满意并进一步借助品牌资源和能力强化品牌与消费者之间建立积极正面的情感联系，从而形成品牌忠诚。因此，本书认为，品牌满意对品牌忠诚具有正向影响。

另一方面，品牌长期竞争力是一种动态的品牌管理能力的展现，是品牌动态管理能力通过持续地建立、调整、重组其内外部的各项资源与能力来实现差别化的品牌竞争优势，这种品牌竞争优势首先是能够在当期使消费者产生品牌满意。在当期消费者满意的基础上，引导消费者情感从对产品或服务满意逐步转为对品牌满意，进而利用品牌动态管理能力以获取品牌长期竞争力。若在当期，消费者对品牌不满意，品牌的长期竞争力也就无从谈起。因此，本书认为，品牌满意对品牌长期竞争力具有正向影响。

综上所述，本书认为，品牌满意影响品牌的可持续性，并提出如下假设。

H1：品牌满意对品牌可持续性具有正向影响。

H2：品牌满意对品牌忠诚具有正向影响。

H3：品牌满意对品牌长期竞争力具有正向影响。

2. 品牌信任影响品牌的可持续性

信任是社会经济生活中的普遍现象。信任是对另一方未来可能行为的预期，分为契约信任（即相信对方会履行契约协议）、能力信任（即相信对方会有足够的能力）、善意信任（即相信对方会遵守诺言）。摩根和亨特（Morgan and Hunt，1994）提出，信任是一方对另一方的能力、诚信及善意等的信心。因此，信任是顾客与品牌关系的重要纽带（Blackston，1992）。品牌信任是指顾客信赖品牌履行其所声称行为的意愿（Chaudhuri and Holbrook，2001）。本书认为，消费过程充满了不确定性。为了降低交易成本，消费者选择可能会遇到与预期不符的风险中进行消费。消费者希望通过信任机制尽量降低可能面临的风险。祖克（Zucker，1986）认为，信任的产生机制有基于声誉的信任、基于特性的信任以及基于制度的信任。品牌至少能够带给消费者基于声誉的信任和基于特性的信任。

一方面，品牌情感要素的品牌信任对品牌行为要素的品牌忠诚具有显著的影响。品牌信任是影响品牌忠诚的重要前因变量。消费者在进行购买决策时总是在充满风险和不确定中做出相对理性的品牌选择，品牌信任会产生积极的消费者心理预期①。品牌信任会使消费者

① Rousseau D M，Sitkin S B，Burt R S，Camerer C. Not so different after all：A cross-discipline view of trust［J］. Academy of Management Review，1998，23（3）：393－404.

相信品牌具有满足自己消费需求所具有的意愿、能力和保障。这些促使消费者对品牌形成正面的评价和积极的行为倾向，并在未来的品牌选择中保持行为忠诚（许正良等，2012）。因此，本书认为，品牌信任对品牌忠诚具有正向影响。

另一方面，品牌信任是品牌感知价值优势，是品牌竞争力的"源"，能够带来隐性品牌竞争力（胡大力等，2005）。品牌信任有助于品牌的长期竞争力的培育和提升，是品牌长期竞争力的重要来源。从契约理论来看，品牌关系是品牌与消费者之间的无形契约关系（胡大力等，2007）。品牌信任则是对履行契约的预期。而这种相信对方能够履行契约的预期会提升品牌长期竞争力，增加品牌在不确定的未来获得品牌差别优势。因此，本书认为，品牌信任对品牌长期竞争力具有正向影响。

综上所述，本书认为，品牌信任影响品牌的可持续性，并提出如下假设。

H4：品牌信任对品牌可持续性具有正向影响。

H5：品牌信任对品牌忠诚具有正向影响。

H6：品牌信任对品牌长期竞争力具有正向影响。

3. 品牌承诺影响品牌的可持续性

承诺代表着关系的高级阶段（Dwyer et al.，1987），在面对不确定的未来将采取自律行为，保持关系或维持可以预见的行动（黄文彦、蓝海林，2010）。莫尔曼和扎尔特曼（Moorman and Zaltman，1992）将承诺定义为维持有价值关系的持久愿望。福尼尔（1998）认为，无论环境可预见还是不可预见，承诺是消费者与品牌保持长久关系的一种行为意图。

一方面，消费者在面对不确定的未来时将采取自律行为，可能会付出短期利益损失。因而对维持品牌关系意愿的承诺实质上是品牌忠诚的有力体现。品牌承诺与品牌忠诚之间具有显著的关联关系。因此，本书认为，品牌承诺对品牌忠诚具有正向影响。

另一方面，品牌承诺是与品牌保持长久稳定关系的意图。建立在品牌信任基础上的品牌承诺是品牌竞争力的重要之“源”，并体现为品牌竞争力之“流”的品牌忠诚之上（胡大力，2005）。品牌承诺影响对暂时缺陷的容忍程度，甚至愿意付出短期利益损失。这种意图有利于维系品牌长期竞争力。因此，本书认为，品牌承诺对品牌长期竞争力具有正向影响。

综上所述，本书认为，品牌承诺影响品牌的可持续性，并提出如下假设。

H7：品牌承诺对品牌可持续性具有正向影响。

H8：品牌承诺对品牌忠诚具有正向影响。

H9：品牌承诺对品牌长期竞争力具有正向影响。

4. 消费者关系质量对品牌可持续性的影响

结合前文的分析，本书认为，通过对品牌与消费者关系质量的持续改进能够增强品牌可持续性。具体而言，通过满意、信任和承诺的PDCA循环依次提升关系质量的水平。本书认为，品牌关系质量的满意、信任和承诺形成了三条螺旋线并围绕着品牌可持续性这一轴线。通过满意、信任和承诺的PDCA循环，持续改进关系质量，这三条螺旋线呈现螺旋形上升，并推动品牌可持续性发展。满意、信任和承诺之间的关系通过“碱基”相互作用，如同三螺旋的DNA结构。因此，品牌与消费者关系质量的持续改进活动，通过对满意、信任和承诺的持续改进为品牌可持续性提供了保障。

综上所述，本书认为，消费者关系质量影响品牌的可持续性，并提出如下假设。

H10：消费者关系质量对品牌可持续性具有正向影响。

第三节　基于社会公众关系质量的品牌可持续性研究假设

一、品牌与社会公众关系

（一）维系社会公众关系是品牌可持续性的必然要求

如前文所述，学者们关注到品牌成功需要利益相关者的长期支持。其中，代表的相关利益方最多数的品牌关系是间接利益相关者。这里的社会公众关系是把社会公众作为品牌关系的间接利益相关者，是品牌与社会公众之间的关系（以下简称社会公众关系）。品牌的可持续性要求维系社会公众关系，并长期发展社会公众关系。

从社会营销学来看，组织在满足消费者需求、追求利润的同时，应兼顾社会效益，要做到消费者、组织和社会三方面利益都要兼顾。社会营销学强调，要合理地兼顾消费者、组织和社会的当前利益与长远利益，实现可持续发展的要求。如果只考虑股东利益，忽视利益相关者的利益，则会危害社会公众关系，得不到利益相关者的支持，甚至会遭到利益相关者的反对和抵制，组织就难以可持续发展，品牌的可持续性就会降低甚至死亡。因此，实现组织的可持续发展，提高品牌的可持续性，组织需要关注社会公众的长期利益，与社会公众建立共赢的关系。

从公共关系学来看，任何组织都处于公共关系网络之中，开展公共关系活动有助于增强公众的信任，促进与社会公众的关系。这不仅能够促进社会公众对品牌的认知、理解、信任及支持，维系社会公众关系，而且还能提高品牌形象和品牌美誉度，增强品牌的可持续性，实现组织的可持续发展。

综合而言，社会公众关系是品牌关系中最重要的间接关系，对品牌发展及其可持续性具有重要作用。维系良好的社会公众关系有助于实现品牌可持续性，忽视和损害社会公众关系会降低品牌价值和品牌可持续性，甚至导致品牌死亡。因此，维系良好的社会公众关系是实现品牌可持续性的必然要求。

（二）承担社会责任有助于增进品牌与社会公众关系

20 世纪 70 年代以来，营销领域的学者们开始关注对社会责任的研究。但目前，关于企业社会责任并无统一的界定。主要的社会责任界定见表 3.3。

表 3.3　主要的社会责任界定一览

学者/机构	年份	社会责任的概念
Sethi	1975	符合现行社会规范、价值和期望的行为
Carroll	1981	社会在特定期间对组织的期望，包括经济性、法律性、伦理性及自发性期望
Wood	1991	企业与社会互动过程，包括制度层次的合法性、组织层次的公共责任、个人层次的管理自主
Drucker	1993	企业表示积极承诺、表达责任，代表企业在社区、社会及国家所应负的责任
Buchholz	1995	企业的义务，由相关政策、决策及行动达成社会的目标及价值
Warhurst	2000	企业策略，积极地进行污染预防及社会影响评估，以改善或避免环境及社会冲击，并达到最佳效益
世界企业可持续发展委员会	2000	企业对经济可持续发展贡献的承诺，保持同员工、他们的家庭、地方社区和广大社会的良好关系，提高他们的生活质量。对社会和环境的关注是企业社会责任的一部分

续表

学者/机构	年份	社会责任的概念
欧盟	2001	企业对利益相关者造成影响时，所应负起的责任，是持续承诺以公平及负责的行为使员工、家庭、社区或地方社会达到经济发展、生活素质、社会凝聚、维护环境品质方面的提升，同时在生产、雇用、投资方面致力于持续改进
Carrol	2004	某一特定时期社会对组织所寄托的经济、法律、伦理和自由决定（慈善）的期望
Maignan，Ferrell	2004	一种管理过程。包括社会义务、对利益相关者的义务、道德驱动的社会责任
林军	2004	从整个社会出发考虑整个企业对社会的影响及社会对企业行为的期望与要求
李立清、李燕凌	2007	企业除经济责任、法律责任之外的“第三种责任”

资料来源：在王艳婷（2013）和温炎（2012）的基础上整理。

中外学者从宏观层面和微观层面分别对企业社会责任的内涵进行讨论。从微观层面来看，企业社会责任主要是指企业对企业以外的社会环境方面的责任，更加强调的是非经济领域的责任，如公益慈善、环境保护、公共服务等。从宏观层面来看，企业社会责任包括企业对社会应承担的一切责任的总和，包括经济责任、非经济责任、法律责任、社会道德责任、社会伦理责任等。结合本书的研究对象和目的，本书认为，企业的社会责任是企业为获得可持续发展，增加消费者和社会公众利益而采取的行为。

积极承担社会责任能够提高品牌的曝光度和关注度，通过将履行社会责任同品牌宣传手段相结合，能够引导积极的消费文化，鼓励消费者选择具有社会责任感的品牌，进而促使消费者对品牌产生情感偏好，产生精神上的认同感，经过多次重复强化，从而产生品牌忠诚。因此，企业积极承担社会责任能够提高品牌知名度、品牌美誉度、品牌偏好度和品牌忠诚度，有助于维系和增进品牌与社会公众的关系，进而提高品牌可持续性。简言之，承担社会责任能够增进社会公众关系，有助于提高品牌可持续性，如图 3.3 所示。

图 3.3　社会责任、社会公众关系与品牌可持续性的关系

二、社会公众关系状态及其评价

根据前文，社会公众关系是社会公众对企业履行社会责任，实施社会责任行为，并据此互动的结果。因此，社会公众关系状态则是社会公众对组织社会责任行为表现出的多种不同关系形式。社会责任具有显著的层次性，企业履行不同层次的社会责任，反映了不同的社会公众关系状态。

美国经济发展委员会在 1971 年用“三个同心圆”将社会公众对社会责任的期望划分为三个维度：内层是履行经济职能的基本责任；中间层是对社会价值观采取积极态度的责任；外层则包含促进社会进步的其他无形责任。

卡罗尔（Carroll，1979）认为，企业社会责任应该包含经济、法律、道德和自愿四个层次，构成了金字塔模型（如图 3.4 所示），成为分析企业社会责任的重要框架。根据卡罗尔（1979）的金字塔模型，企业应自下而上依次履行社会责任。

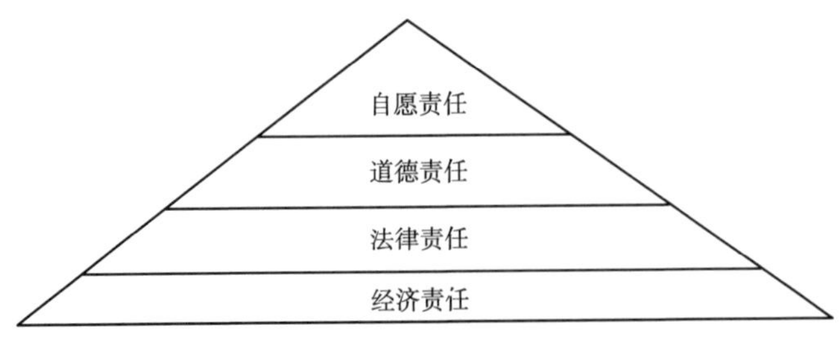

图 3.4　企业社会责任金字塔结构

然而，施瓦茨和卡罗尔（Schwartz and Carroll，2003）批评企业社会责任“金字塔”模型，认为企业的活动很难清楚地划分社会责任的类型并依此履行社会责任。因此，施瓦茨和卡罗尔（2003）认为，企业社会责任应划分为三个领域：经济领域、法律领域和道德领域，而且，没有一个领域比另一个领域相对更重要。

国内学者陈志昂和陆伟（2003）、温炎（2012）提出了三层社会责任：第一层的社会责任，两者都认为是法规要求的基本责任；第二层的社会责任，前者认为是社区风俗习惯、社会标准、行业标准等所要求的责任，后者认为是环境保护责任；第三层的社会责任，前者认为是道义责任，后者认为是社会公益责任。比较来看，两位学者对社会责任的划分具有高度相近性，反映了在中国文化背景下，社会公众对企业履行社会责任的基本认知。但从实证的操作层面来看，后者的界定更加具体明确，便于进行实证分析，如图 3.5 所示。

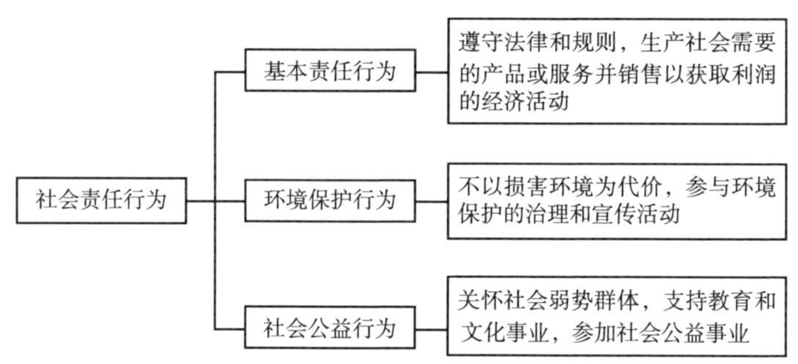

图 3.5　社会责任行为分类

资料来源：温炎．组织社会责任行为与其品牌成长关系的研究［D］．长春：吉林大学博士学位论文，2012：46.

社会公众关系评价是社会公众对组织履行社会责任，实施社会责任行为的评价，反映了社会公众关系质量水平。社会责任评价指标不仅反映和衡量履行社会责任的行为和效果，而且是组织改进社会责任实践的工具，也是加强与利益相关方沟通的重要手段。

根据我国推荐性国家标准《社会责任指南》（GB/T36000－2015）、《社会责任报告编写指南》（GB/T36001－2015）以及《社会责任绩效分类指引》（GB/T36002－2015）所确定的七大社会责任核心主题为一级指标，即组织治理、人权、劳工实践、环境、公平运行实践、消费者问题、社区参与和发展，以及在此基本上设定31项二级指标，并进一步设定223项三级指标，见表3.4。

表3.4　社会责任绩效分类

一级指标		二级指标		三级指标	
Z	组织治理	Z－1	决策程序和结构	12项	共12项
R	人权	R－1	公民和政治权利	6项	共12项
		R－2	经济、社会和文化权利	2项	
		R－3	工作中的基本原则和权利	4项	
L	劳工实践	L－1	就业和劳动关系	9项	共39项
		L－2	工作条件和社会保护	11项	
		L－3	民主管理和集体协商	5项	
		L－4	职业健康安全	11项	
		L－5	工作场所中人的发展与培训	3项	
H	环境	H－1	污染预防	9项	共39项
		H－2	可持续资源利用	9项	
		H－3	减缓并适应气候变化	10项	
		H－4	环境保护、生物多样性和自然栖息地恢复	11项	
G	公平运行实践	G－1	反腐败	10项	共26项
		G－2	公平竞争	5项	
		G－3	在价值链中促进社会责任	6项	
		G－4	尊重产权	5项	

续表

一级指标		二级指标		三级指标	
X	消费者问题	X-1	公平营销、真实公正的信息和公平的合同实践	9 项	共 53 项
		X-2	保护消费者健康安全	10 项	
		X-3	可持续消费	2 项	
		X-4	消费者服务、支持和投诉及争议处理	7 项	
		X-5	消费者信息保护与隐私	9 项	
		X-6	基本服务获取	6 项	
		X-7	教育和意识	10 项	
S	社区参与和发展	S-1	社区参与	6 项	共 42 项
		S-2	教育和文化	5 项	
		S-3	就业创造和技能开发	8 项	
		S-4	技术开发和获取	5 项	
		S-5	财富和收入创造	10 项	
		S-6	健康	4 项	
		S-7	社会投资	4 项	
合计				223 项	

《社会责任指南》（GB/T36000-2015）国家标准强调了组织的社会责任的三个基本问题：是什么？如何做？做哪些？在这一国家标准中，社会责任是指组织的社会责任，不仅适用于企业，也适用于其他各种类型的组织。这一标准是迄今为止最为系统、最为完整，也是最具代表性地对社会责任进行了最有权威的表述。然而，正是为了适应一切社会组织，《社会责任指南》的评价指标体系较为复杂。

三、研究假设的提出

结合前文，借鉴迈尼昂和法瑞尔（Maignan and Ferrell，2004）、

陈志昂（2003）、温炎（2012）以及《社会责任指南》对社会责任的分类，根据卡诺模型分析框架，本书将社会责任划分为基本社会责任、相关者义务（环境保护责任）和社会公益责任，并提出研究假设。

1. 基本社会责任影响品牌可持续性

企业的社会义务是企业必须履行的基本社会责任。履行基本社会责任被社会公众视为理所当然的行为。如果企业不履行基本社会责任，社会公众就会对其不满，品牌与社会公众关系会被破坏，品牌与社会公众关系质量就会处于低水平；如果企业履行了其基本社会责任，社会公众也不会对其产生满意，品牌与社会公众关系质量并不会得到改善。换言之，企业履行基本社会责任不会增强品牌可持续性，但不履行基本社会责任一定会弱化品牌可持续性。

一方面，品牌忠诚是对品牌行为的可预测的一种心理（决策和评估）过程（高翔，2012）。若某品牌不能履行基本社会责任，品牌忠诚不仅不能得到强化，而且已有的消费者认同、品牌偏好以及品牌坚持也会丧失。即便是品牌充分履行了基本社会责任，也不会增强消费者认同、品牌偏好和品牌坚持，只是对品牌忠诚没有产生负面影响。因此，本书认为，履行基本社会责任是品牌忠诚的前提条件。

另一方面，品牌竞争力能够在市场竞争中体现品牌内在的质量、技术、性能和服务等，引起消费者的品牌联想并促进其购买行为。履行基本社会责任不能使品牌拥有区别或领先于其他竞争对手，只是参与竞争的资格要素。若某品牌拒绝履行基本社会责任则会丧失参与竞争的资格。可以说，丧失了包括品牌长期竞争力在内的所有品牌竞争力。因此，本书认为，履行基本社会责任同样也是品牌长期竞争力的前提条件。

综上所述，本书认为，履行基本社会责任影响品牌的可持续性，并提出如下假设。

H11：不能充分履行基本社会责任对品牌可持续性具有负向影响。

H12：不能充分履行基本社会责任对品牌忠诚具有负向影响。

H13：不能充分履行基本社会责任对品牌长期竞争力具有负向影响。

2. 相关者义务（环保责任）影响品牌可持续性

从前文可以看出，将影响品牌或受品牌影响的利益相关者纳入品牌关系中符合当前的市场环境（张燚等，2008），如企业的环境保护行为。从品牌对利益相关者的义务行为评价来看，如果这类社会责任不能得到充分履行，社会公众会对其不满，品牌与社会公众关系就会处于紧张状态，此时社会公众关系质量处于低水平；如果得到了充分履行，社会公众会对其产生满意，品牌与社会公众关系会得到提升，此时社会公众关系质量得到改善。换言之，若企业履行相关者义务将会增强品牌可持续性；若企业不履行相关者义务将弱化品牌可持续性。

一方面，充分履行相关者义务（环保责任）能够增加消费者认同、品牌偏好以及品牌坚持，从而有利于品牌忠诚的培育。相反地，若不能充分履行相关者义务（环保责任）则会损害和弱化消费者认同、品牌偏好以及品牌坚持，从而不利于品牌忠诚。换言之，充分履行相关者义务有利于品牌忠诚，不充分履行则不利于品牌忠诚。因此，本书认为，履行利益相关者责任对品牌忠诚具有正向影响。

另一方面，随着全社会环保意识的增强，充分履行相关者义务（环保责任）有助于塑造负责任的品牌形象，引起消费者正面的品牌联想并促进其购买行为，进而提高品牌竞争力（包括品牌长期竞争力)。相反地，若不能充分履行相关者义务（环保责任）则同样会损害品牌形象，引起消费者负面的品牌联想，进而减弱品牌竞争力（包括品牌长期竞争力)。换言之，充分履行相关者义务有利于品牌长期竞争力，不充分履行则不利于品牌长期竞争力。因此，本书认为，履行利益相关者责任对品牌长期竞争力具有正向影响。

综上所述，本书认为，履行相关者义务（环保责任）影响品牌的可持续性，并提出如下假设。

H14：履行利益相关者责任对品牌可持续性具有正向影响。

H15：履行利益相关者责任对品牌忠诚具有正向影响。

H16：履行利益相关者责任对品牌长期竞争力具有正向影响。

3. 社会公益责任影响品牌可持续性

类似于金字塔模型（Carroll，1979）中的自愿责任，企业支持教育和文化事业，关怀弱势群体，支持和参加社会公益事业的行为是道德驱动的社会公益行为。这类社会责任评价的特点是，如果社会公益责任没有得到履行，社会公众不会产生不满意，不会影响品牌与社会公众的关系质量；如果得到了履行，社会公众就会产生较满意，能够提升品牌与社会公众的关系质量。换言之，若企业履行社会公益责任将会增强品牌可持续性；若企业不履行社会公益责任则不影响品牌可持续性。

一方面，履行道德驱动的社会公益责任属于自愿责任。虽然品牌不充分履行社会公益责任不会直接对品牌忠诚产生不良影响，但履行社会公益责任却能提升消费者认同、品牌偏好以及品牌坚持，从而有利于品牌忠诚的培育。换言之，充分履行社会公益责任有利于品牌忠诚。因此，本书认为，履行社会公益责任对品牌忠诚具有正向影响。

另一方面，积极履行道德驱动的社会公益责任有助于塑造品牌形象，提高品牌知名度、美誉度，引起消费者正面的品牌联想并促进其购买行为，进而提高品牌竞争力（包括品牌长期竞争力）。因此，本书认为，履行社会公益责任对品牌长期竞争力具有正向影响。

综上所述，本书认为，履行社会公益责任影响品牌的可持续性，并提出如下假设。

H17：履行社会公益责任对品牌可持续性具有正向影响。

H18：履行社会公益责任对品牌忠诚具有正向影响。

H19：履行社会公益责任对品牌长期竞争力具有正向影响。

4. 社会公众关系质量影响品牌可持续性

结合前文，由于组织积极履行和承担社会责任能够提高品牌知名度、美誉度、忠诚度以及品牌偏好，有助于维系和增进品牌与社会公众的关系质量。品牌与社会公众关系质量的持续改进活动，通过持续追求充分履行社会义务、尽可能充分实现利益相关者义务和尽量增加道德驱动的社会责任行为而展开，能够增强品牌可持续性。简言之，社会公众关系质量的持续改进能够增强社会公众对品牌的满意度，提升品牌可持续性。

积极承担社会责任有利于组织和品牌的长期发展。维系社会公众关系就是要求组织在营销活动过程中必须承担起社会责任（袁海霞，2014；田虹、袁海霞，2013）。组织积极主动承担社会责任，体现出组织良好的道德行为。这种正面的态度能够提高企业的声誉，赢得社会公众的认可和肯定。对于越来越关注社会责任的社会公众而言，积极履行社会责任的组织能够吸引公众的注意力，获取好感，进而影响潜在顾客的品牌选择。因此，积极履行社会责任有助于组织品牌建设，促进组织长远健康发展。

因此，本书认为，社会公众关系质量影响品牌的可持续性，并提出如下假设。

H20：社会公众关系质量对品牌可持续性具有正向影响。

需要说明的是，为了提高品牌与社会公众的关系质量，首先，企业需要完全充分地履行基本社会责任，减少社会公众的不满意以避免对社会公众关系质量的破坏；其次，企业应尽可能充分履行利益相关者的义务，增加社会公众的满意，以改善社会公众关系质量；最后，企业应履行与自身能力相匹配的社会公益行为，增加社会公众的认可与肯定，以提升关系质量水平。随着社会发展，社会公众对企业社会公益行为要求逐渐提高，过去属于道德驱动的社会责任行为正在或者已经转化为当前利益相关者的义务行为，甚至转化为当前的基本社会责任；过去的利益相关者义务行为正在或者已经转化为当前的基本社会责任。这时，正如社会责任“三个同心圆”理论所述，又会产生新的道德驱动的社会公益行为。

本书研究假设汇总见表 3. 5。

表 3. 5　本书研究假设汇总

编号	研究假设
H1	品牌满意对品牌可持续性具有正向影响
H2	品牌满意对品牌忠诚具有正向影响
H3	品牌满意对品牌长期竞争力具有正向影响
H4	品牌信任对品牌可持续性具有正向影响
H5	品牌信任对品牌忠诚具有正向影响
H6	品牌信任对品牌长期竞争力具有正向影响
H7	品牌承诺对品牌可持续性具有正向影响
H8	品牌承诺对品牌忠诚具有正向影响
H9	品牌承诺对品牌长期竞争力具有正向影响
H10	消费者关系质量对品牌可持续性具有正向影响
H11	不能充分履行基本社会责任对品牌可持续性具有负向影响
H12	不能充分履行基本社会责任对品牌忠诚具有负向影响
H13	不能充分履行基本社会责任对品牌长期竞争力具有负向影响

续表

编号	研究假设
H14	履行利益相关者责任对品牌可持续性具有正向影响
H15	履行利益相关者责任对品牌忠诚具有正向影响
H16	履行利益相关者责任对品牌长期竞争力具有正向影响
H17	履行社会公益责任对品牌可持续性具有正向影响
H18	履行社会公益责任对品牌忠诚具有正向影响
H19	履行社会公益责任对品牌长期竞争力具有正向影响
H20	社会公众关系质量对品牌可持续性具有正向影响

第四章　研究设计与数据收集

第一节　问卷设计

总结本书第三章的分析，品牌可持续性具有两个维度：品牌忠诚和品牌长期竞争力；消费者关系质量具有三个维度：品牌满意、品牌信任和品牌承诺；社会公众关系质量具有三个维度：基本社会责任、相关者责任义务和社会公益责任。同时，本书提出 20 个研究假设，认为品牌满意、品牌信任、品牌承诺、基本社会责任、相关者义务责任、社会公益行为、消费者关系质量和社会公众关系质量影响品牌忠诚、品牌长期竞争力和品牌可持续性。综合上述内容，本书得到 2 个研究结构模型，如图 4.1 和图 4.2 所示。

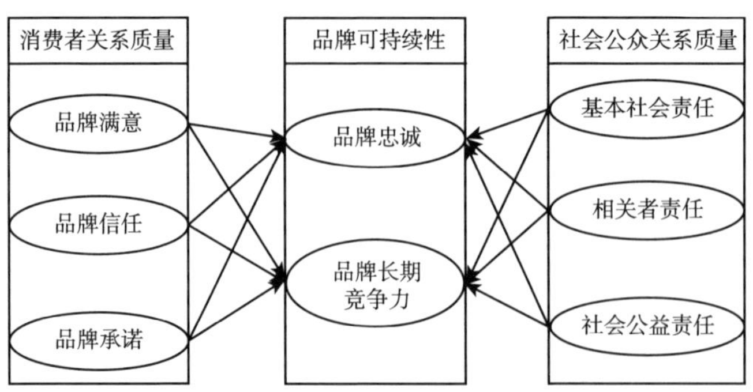

图 4.1　本书研究的结构模型 -1

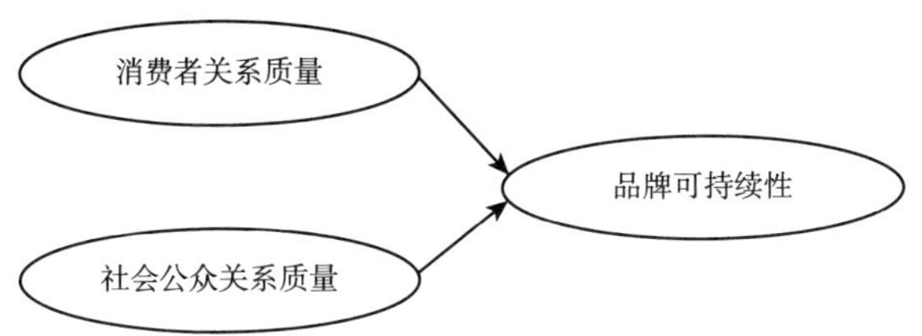

图 4.2　本书研究的结构模型 -2

为了进一步验证该模型的有效性，有必要对其进行实证分析，需要围绕模型所有涉及的观察变量收集数据。本书的问卷设计经历了以下阶段：(1) 中外文献研究。收集、整理品牌关系和品牌可持续性相关的研究文献，结合本书需要，选择和设计了题项用于变量测度。(2) 征求专家学者的意见。将第一阶段的问卷初稿，向有关专家学者征求意见，对初步问卷的题项设计、题项措辞和问卷格式等进行了修改。(3) 根据测度项分类，修改部分题项的措辞。(4) 进行预测试，对测量题项的语言和表达方式做进一步修改，最后形成了本书的调查问卷。

在问卷设计的过程中，为了尽量避免应答偏差，首先，笔者在最终题项确定过程中尽可能地让本书的问卷能使被调查对象充分理解；其次，在题项开发时尽量保证题项的内容有一定的宽度，以适应不同类型的被调查对象填写。

第二节　变量测度

一、被解释变量——品牌可持续性

根据前文的界定，本书认为品牌可持续性是包括消费者忠诚和品牌长期竞争力的综合评价。消费者忠诚和品牌长期竞争力均为一阶因子的潜变量，品牌可持续性则是由二者共同构成的高阶变量。因此，品牌可持续性的测量需要分别对二者进行测量。

1. 品牌忠诚（brand loyalty of consumer，BLC）

品牌忠诚是消费者通过一系列努力与特定品牌保持紧密的关系，并持续重复该品牌产品或服务的消费和进行积极的、正面的口碑传播。品牌忠诚由态度、行为及其综合构成，因而图和苏雄等（Too and Souchon et al.，2001）从态度忠诚和行为忠诚两方面设计的 13 个题项测量品牌忠诚得到了较为广泛的应用。在此基础上，沙振权、郜光伟（2008）根据预调研结果，调整为 10 个题项进行测量。在借鉴上述量表的基础上，本书参照尤和多诺霍（You and Donthu，2001）和高翔（2012）的量表，根据预调研结果，最终确定 3 个题项的品牌忠诚测度量表，见表 4.1。

表 4.1　　品牌忠诚的测度

编码	题项	来源
BLC1	购买该品牌是最好的选择	You and Donthu（2001）、高翔（2012）
BLC2	这个品牌是我的首选	
BLC3	我会向周围人推荐该品牌	

2. 品牌长期竞争力（long-term competitiveness，LC）

品牌长期竞争力是显性品牌竞争力和隐性品牌竞争力综合的结果。吕艳玲、王兴元（2012）认为，显性品牌竞争力是品牌竞争力的表征，主要衡量品牌在市场竞争中的现有成果。从品牌自身的角度看，显性品牌竞争力是当前知名度、美誉度和忠诚度的反映。隐性品牌竞争力是品牌竞争力的本源，反映品牌企业的差别化及品牌顾客的感知价值优势。企业要获取隐性品牌竞争力，就要培育品牌差别化优势（吕艳玲、王兴元，2012）。在此基础上，本书将显性竞争力的反映性指标简化为品牌忠诚，并作为品牌可持续性的一阶因子的潜变量，因而不作为品牌长期竞争力的测量维度。同时，本书将隐性竞争归结为品牌差别化优势，并参考胡大立等（2005）对品牌竞争力“源”分析的特征设计量表，根据预调研结果，最终确定3个题项的品牌长期竞争力测度量表，见表4.2。

表4.2　品牌长期竞争力的测度

编码	题项	来源
LTC1	独有的品牌个性和鲜明的品牌诉求点	本书根据胡大立等（2005）整理
LTC2	具有独特的品牌文化	
LTC3	消费者能感知到品牌优势	

品牌可持续性的测量模型如图4.3所示。

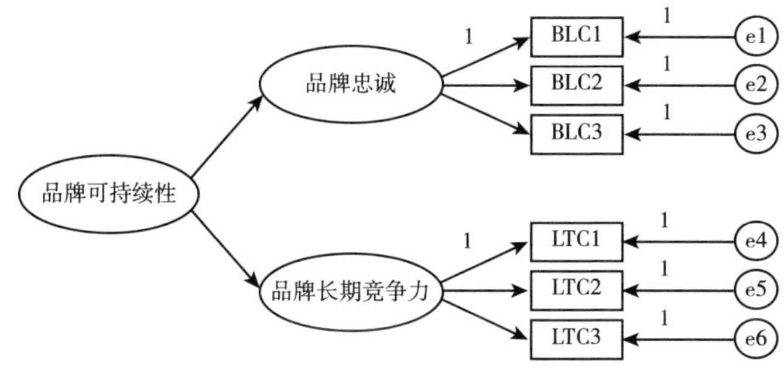

图4.3　品牌可持续性的测量模型

二、解释变量——消费者关系质量

根据本书的分析，消费者关系质量是消费者对品牌满意、品牌信任和品牌承诺的“碱基”关系的综合反映。品牌满意、品牌信任和品牌承诺均为一阶潜变量，消费者关系质量则是三者共同构成的高阶变量。因此，消费者关系质量的测量需要分别对三者进行测量。

1. 品牌满意（brand satisfaction of consumer，BSS）

品牌满意是消费者对品牌表现的评价过程和回应（Fornell，

1992)。衡量品牌满意的量表主要来自刘和李(Lau and Lee, 1999)、克罗宁等(Cronin et al., 2000)、哈里斯和古德(Harris and Goode, 2004)的研究。本书参考了乔杜里和霍尔布鲁克(Chaudhuri and Holbrook, 2001)、何佳讯(2006b)、朱瑾(2012)、高翔(2012)的成果,根据预调研结果,最终确定3个题项的品牌满意测度量表,见表4.3。

表4.3 品牌满意的测度

编码	题项	来源
BSC1	我喜欢这个品牌	Lau and Lee (1999)、Chaudhur and Holbrook (2001)、何佳讯(2006b)、朱瑾(2012)、高翔(2012)
BSC2	这个品牌满足我的需要	
BSC3	我购买该品牌是个正确的决定	

2. 品牌信任(brand trust of consumer, BTC)

信任是指一方对另一方信赖的意愿(Moorman, Zaltman et al., 1992)。在这里是消费者对品牌行为按照自己期望发生的认知和感觉程度(何佳讯, 2006a)。何佳讯(2006a)在品牌关系质量本土化模型中对信任进行衡量时,从诚信和可靠两个维度进行测量,具有较高的信度和效度。本书认为,品牌信任是指消费者对特定品牌的能力、诚信及善意等抱有的信心,是消费者对品牌所持的正面、积极的信念。本书采用何佳讯(2006)和萨金特等(Sargeant et al., 2006)使用的信任量表,根据预调研结果,最终确定3个题项的品牌信任测度量表,见表4.4。

表4.4 品牌信任的测度

编码	题项	来源
BTC1	这个品牌让我感到安全和放心	何佳讯(2006a)、Sargeant et al. (2006)
BTC2	我觉得这个品牌是值得信赖的	
BTC3	我相信该品牌不会欺骗消费者	

3. 品牌承诺（brand commitment of consumer，BCC）

本书认为，品牌承诺是指消费者对特定品牌的认同，以及愿意为其付出成本（时间、金钱）的意愿程度，也是消费者保持消费关系的持续渴望。本书采用何佳讯（2006a）、摩根和亨特（Morgan and Hunt，1994）开发的承诺测度量表，根据预调研结果，最终确定3个题项的品牌承诺测度量表，见表4.5。

表4.5　　品牌承诺的测度

编码	题项	来源
BCC1	虽然有些麻烦，我也要买到这个品牌	Morgan and Hunt（1994）、何佳讯（2006a）
BCC2	我愿意一直使用该品牌的产品	
BCC3	我希望该品牌长期成功	

消费者关系质量的测量模型如图4.4所示。

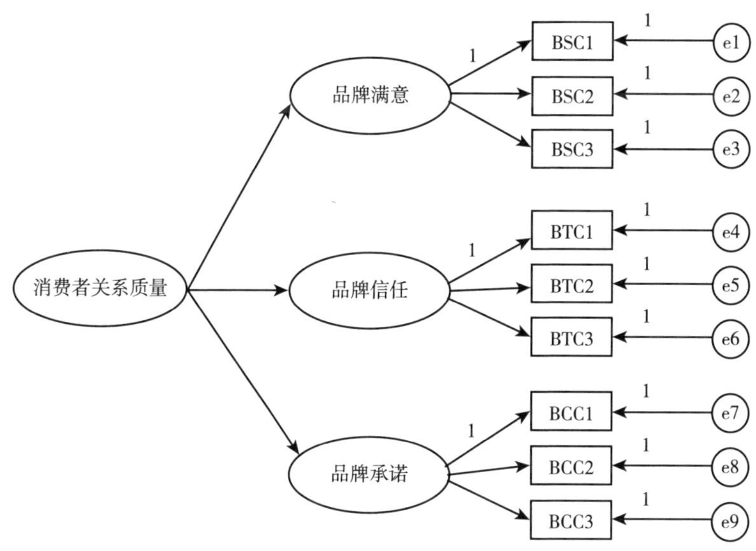

图4.4　消费者关系质量的测量模型

三、解释变量——社会公众关系质量

根据本书第三章的分析，社会公众关系质量是社会公众对品牌企业的基本社会责任行为、相关者义务和社会公益行为的综合反映。与消费者关系质量相类似，基本社会责任行为、相关者义务和社会公益行为均为一阶潜变量，社会公众关系质量则是三者共同构成的高阶变量，如图4.5所示。因此，社会公众关系质量的测度需要分别对三者进行测量。

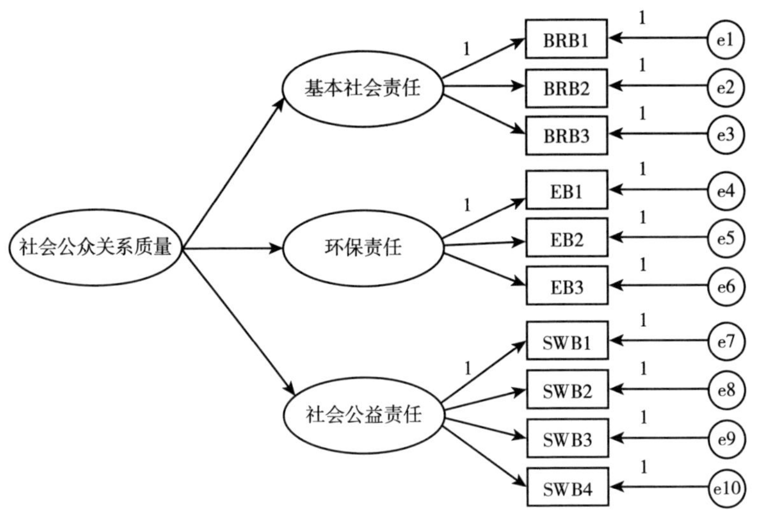

图4.5 社会公众关系质量的测量模型

本书借鉴李维安等开发的“中国公司治理指数”中关于企业社会责任评价指标、温炎等（2012）以及《社会责任绩效分类指引》（GB/T36002－2015）对社会责任方面量表的研究成果，进行多次修正和调整，最终形成包含10个题项的社会责任行为层级变量量表，见表4.6。

表 4.6　社会公众关系质量的测度

变量	编码	题项	来源
基本社会义务	BRB1	注重产品安全和品质	李维安等“中国公司治理指数”、温炎等（2012）、《社会责任绩效分类指引》（GB/T36002－2015）
	BRB2	口感很好	
	BRB3	给予消费者充分的产品服务相关信息	
相关者义务/环境保护行为	EB1	产品环保	
	EB2	支持生态可持续发展	
	EB3	参与环境治理和保护	
道德驱动的社会责任/社会公益行为	SWB1	参与慈善捐赠、物资支援	
	SWB2	关怀弱势群体	
	SWB3	提供健康、教育等项目支持	
	SWB4	支援公共设施，促进地区社会的发展	

第三节　样本选择与数据收集

一、样本选择

农业的可持续发展，是社会经济可持续发展的基础和保障，而农产品品牌的可持续性，又是农业得以持续发展的重要支撑。随着生活水平的提高，在满足基本生活需求之后，消费者对农产品的需求快速增长，且越来越重视品牌。然而，由于农产品生产周期长、存储时间短且成本高，使通过库存调节市场需求波动的能力有限。因而，在需求的高弹性条件下，农民生产农产品必然承担巨大的市场风险。我国过去多次出现农产品“增产不增收”“价低卖难”的现象。为了促进农民持续增收，通过农产品品牌管理能够降低需求的高弹性以及突破价格约束，通过农产品品牌的可持续发展，推动农民增收以及促进农业和农村经济可持续发展。因此，讨论农产品品牌可持续性具有重要的现实意义。

“丝绸之路经济带”构想的提出，让处于“丝绸之路经济带”核心区位的新疆，面临着重要的历史发展机遇。新疆是我国经济相对落后的地区，却是重要的农业产区，拥有独具特色的地理环境和人文环境，孕育了丰富的特色农产品资源。然而，特色农产品生产受到严格的产地限制和生产工艺制约，决定了特色农产品生产规模的硬性约束。换言之，特色农产品产量是有限的，价格提升也是有限的，这导致了依靠生产销售初级农产品的利润空间狭小。为了拓展新疆特色农产品的盈利模式，使其拥有不断增长的利润空间，需要充分利用新疆特色农产品已有的品牌优势，进一步提高特色农产品品牌的可持续性。

本书选择新疆某特色农产品品牌作为研究的样本。2015 年，某特色农产品产量占全国总产量的 1/2 以上。由于新疆光照强度高、温差大，空气透明度高，有利于该特色农产品可溶性固形物和糖分积累，使得该特色农产品在含糖量、可溶性固形物、维生素含量等方面优于其他产区的该特色农产品。新疆地区该特色农产品肉厚汁多、口感好，使该特色农产品市场份额快速增长。2001 年新疆地区该特色农产品总产量仅为 9000 吨，2004 年该特色农产品总产量为 1. 58 万吨，到 2015 年达到 305. 43 万吨。该特色农产品主要品种种植面积达到 483628 公顷。伴随着产量的快速增长，该特色农产品区域品牌系统快速发育，形成了五大区域品牌，并获得地理标志，具有较高的市场知名度、质量满意度以及联想美誉度。近年来，该特色农产品主产区通过推进农业产业化和标准化，利用举办各种展会和节会、媒体宣传、政策鼓励等各种手段，促进了品牌建设，并表现出以下特点：第一，质量满意度开始形成。新疆五大该特色农产品主产区的质量标志、地理标志、种质标志注册基本完成，质量的保障措施趋于完善，质量满意度总体水平较为稳定。第二，产品溢价能力增强，定价策略具有较明显的竞争优势。第三，该特色农产品知名度有了一定的基础，形成了一批知名品牌。品牌联想美誉度也逐步建立。因此，本书以新疆地区该特色农产品（以下统称某特色农产品）品牌作为品牌可持续性研究的样本。

二、某特色农产品品牌的特点

与其他产品品牌相比，某特色农产品品牌具有以下特点。

第一，某特色农产品品牌具有优良的自然属性，但同质化较为严重。某特色农产品主产区主要集中在环塔里木盆地，某特色农产品主产区光照强、日夜温差大、气候极为干燥，适宜于某特色农产品糖分和可溶性固形物的积累，且病虫灾害少，形成了某特色农产品肉厚、甜度高、口感好、无农药残留的产品品牌特征。但是，依靠相似的自然资源优势难以形成显著的品牌差异性，存在较为严重的同质化现象。

第二，某特色农产品品牌主体相对集中。一般地，农产品品牌主体多是农产品生产者或者经营者，而农产品生产者和经营者又多以分散生产经营为主，农产品品牌建设力量分散。与此不同的是，新疆地区农户种植规模大，农户种植面积往往在千亩以上，甚至新疆生产建设兵团部分团场的某特色农产品种植规模达到十几万亩之多。因此，某特色农产品生产主体和品牌主体相对集中，有利于推进某特色农产品的品牌建设。

第三，某特色农产品品牌内涵提炼困难。虽然某特色农产品品牌具有优良的自然属性以及品牌主体相对集中，但共同的自然属性和流通渠道导致某特色农产品存在着严重同质化且品牌管理能力不强，这使得某特色农产品品牌提炼品牌内涵和价值的难度较大。

第四，某特色农产品品牌具有脆弱性。一旦有个别农产品加工厂掺假造假，将会使某特色农产品整体品牌遭受巨大损失。在缺乏足够管制的情况下，易出现危害某特色农产品品牌的行为。此外，消费者对农产品的质量高度敏感，一旦发生质量安全事故，对于农产品品牌将形成致命打击。某特色农产品作为农产品，还存在腐烂变质的风险，影响品牌形象和品牌产品质量。因此，某特色农产品品牌管理存在品牌脆弱、风险大、管理难度大等特点。

三、数据收集

本书利用调查问卷收集数据，于 2015 年 8 ~ 10 月对某特色农产品的加工商、经销商和消费者进行调查，通过访谈、现场采访和现场填写问卷等方式完成调查问卷。发放问卷 400 份，回收有效问卷 282 份，满足了侯杰泰等（2004）认为结构方程模型样本容量至少 100 ~ 200 个的基本要求。因此，本书的调查样本容量符合基本要求，可以采用结构方程模型进行实证分析。

第五章　关系质量对品牌可持续性影响的实证研究

第一节　描述性统计

一、整体样本的描述性统计

依据前文的研究设计和研究假设，本章以某特色农产品品牌为样本，针对关系质量对品牌可持续性的影响进行实证分析。本书首先对所获得的样本数据进行描述性统计，以说明样本的整体构成信息。整体样本描述性统计见表5.1。

表5.1　　整体样本描述性统计

样本总体描述		频次	百分比（%）
购买行为	是	154	84.6
	否	28	15.4
	合计	282	100
购买次数	经常购买或每月多次购买	21	13.6
	每三个月一次以上	38	24.7
	半年一次以上	76	49.4
	一年一次或一年不足一次	19	12.3
	合计	154	100

续表

样本总体描述		频次	百分比（%）
对某特色农产品品牌的了解度	不了解（知道1个品牌及以下）	4	1.4
	基本了解（知道2~3个）	21	7.4
	了解（知道3个以上的品牌）	257	91.2
	合计	282	100

从购买行为来看，曾经购买过某特色农产品的调查对象占样本总体的84.6%，从未购买过的占样本总体的15.4%；从调查对象的购买次数来看，经常购买（含每月多次购买）的调查对象占有购买行为的调查对象的13.6%，每三个月购买一次以上的占24.7%，半年购买一次以上的占49.4%，一年购买一次或不足一次的占12.3%；从调查对象对某特色农产品品牌的熟悉程度来看，不了解的调查对象占样本总体的1.4%，基本了解的占7.4%，了解的占91.2%。

二、变量的描述性统计

在对各题项描述统计量之前，本书对数据的缺失值、正态性和异常值进行处理。(1) 问卷缺失值的替换。本书对每一份问卷中的缺失值进行统计。当缺失值数量大于3个时，该问卷判定为废卷。当缺失值小于等于3个时，本书采用数列平均值来替换缺失值，确保数据无缺失值。(2) 数据正态性检验。数据正态性是研究的重要前提。本书各题项的偏度最大值为1.083；峰度最大值为1.837，无明显偏离。(3) 异常值的处理。本书对每一个观察值测量马氏距离（Mahalanobis distance）以识别异常值，并从大到小进行排序。当p值小于0.05时，本书判定为异常值并进行逐一删除。删除后作为缺失值处理，处理方法如（1）所述。在剔除问卷缺失值较多和存在较多异常值后样本总量为282份。各测量题项的描述性统计见表5.2。

表 5.2　　测量题项的描述性统计

项目	极小值	极大值	均值	标准差	偏度	峰度
品牌满意 1	1	5	3.07	0.873	**1.083**	1.377
品牌满意 2	1	5	3.25	0.922	0.777	0.297
品牌满意 3	1	5	3.83	**1.130**	0.208	-0.874
品牌信任 1	1	5	3.60	0.991	-0.418	-0.575
品牌信任 2	1	5	3.34	1.074	-0.240	-0.973
品牌信任 3	1	5	3.62	1.019	-0.685	-0.211
品牌承诺 1	1	5	3.64	0.820	-0.703	0.579
品牌承诺 2	1	5	3.48	0.898	-0.464	-0.054
品牌承诺 3	1	5	3.33	0.913	-0.290	-0.594
基本责任 1	1	5	3.32	0.820	0.621	0.471
基本责任 2	1	5	3.49	0.879	0.410	-0.165
基本责任 3	1	5	3.47	0.898	0.505	-0.027
环保 1	1	5	3.00	0.764	0.910	**1.837**
环保 2	1	5	3.11	0.789	0.453	0.088
环保 3	1	5	3.96	0.781	0.841	1.290
社会公益 1	1	5	3.71	0.942	0.373	-0.461
社会公益 2	1	5	3.86	0.940	0.052	-0.747
社会公益 3	1	5	3.96	0.961	0.092	-0.592
社会公益 4	1	5	3.04	0.999	-0.085	-0.591
品牌忠诚 1	1	5	3.29	1.030	-0.372	-0.532
品牌忠诚 2	1	5	3.79	0.954	0.368	-0.162
品牌忠诚 3	1	5	3.70	0.960	0.375	-0.186
长期竞争力 1	1	5	3.53	0.939	0.216	-0.363
长期竞争力 2	1	5	3.67	0.991	0.151	-0.550
长期竞争力 3	1	5	3.68	0.970	0.064	-0.445

第二节　探索性因子分析

在进行因子分析之前，需要对数据是否适合进行因子分析进行检验。根据计算结果，品牌忠诚、品牌长期竞争力、品牌满意、品牌信任、品牌承诺、基本责任行为、环境保护行为和社会公益行为数据的KMO值均介于0.663～0.894之间，因而可以进行因子分析。

进一步，作为探索性因子分析对象的品牌可持续性量表的8个变量对应的25个题项数据，采用主成分分析法来抽取共同因子，并进行正交旋转。分析结果见表5.3。结果显示：品牌忠诚、品牌长期竞争力、品牌满意、品牌信任、品牌承诺、基本责任行为、环境保护行为以及社会公益行为，这8个因子不具有共变性，累计解释的总方差分别为73.540%、69.047%、82.433%、76.078%、72.552%、77.190%、78.783%和74.294%，且各因子分布题项符合概念模型中的合理解释。从品牌可持续性的各因子分析结果来看，总体满意。

表5.3　　因子旋转成分矩阵

编码	成分							
	1	2	3	4	5	6	7	8
BLC1	0.062	-0.007	**0.779**	0.365	0.127	0.009	0.071	0.059
BLC2	0.149	0.166	**0.698**	0.128	0.138	0.098	0.057	0.018
BLC3	0.247	0.136	0.722	0.147	0.116	0.077	0.047	0.042
LTC1	0.283	**0.630**	0.189	0.008	0.025	0.094	0.088	0.028
LTC2	0.193	**0.684**	0.178	0.131	0.182	0.079	0.140	0.041
LTC3	0.246	**0.708**	0.196	0.171	0.144	0.055	0.202	0.057
BSC1	0.125	0.292	0.197	**0.860**	0.216	0.037	0.174	0.052
BSC2	0.339	0.127	0.339	**0.676**	0.123	0.018	0.173	-0.028
BSC3	0.365	0.178	0.314	**0.595**	0.049	0.088	0.211	0.063
BTC1	0.255	0.105	0.240	0.387	0.132	0.156	**0.755**	0.036
BTC2	0.219	0.019	0.292	0.135	0.109	0.141	**0.802**	-0.038
BTC3	0.108	0.112	0.171	0.128	0.108	0.100	0.727	0.042
BCC1	0.322	0.154	0.160	0.241	**0.801**	0.068	0.022	0.019
BCC2	0.132	0.267	0.239	0.342	**0.715**	0.116	0.020	0.015
BCC3	0.138	0.129	0.114	0.087	**0.620**	0.104	0.209	0.194

续表

编码	成分							
	1	2	3	4	5	6	7	8
BRB1	0. 119	0. 009	0. 060	0. 022	-0. 038	**0. 837**	0. 157	0. 193
BRB2	0. 130	0. 212	0. 078	0. 020	0. 112	**0. 841**	0. 054	0. 163
BRB3	0. 015	0. 220	0. 255	0. 209	0. 117	**0. 807**	0. 110	-0. 015
EB1	0. 715	0. 304	0. 105	0. 157	0. 135	0. 140	0. 322	-0. 029
EB2	0. 752	0. 301	0. 013	0. 054	0. 174	0. 159	-0. 007	0. 012
EB3	0. 817	0. 249	0. 164	0. 110	0. 173	0. 154	0. 058	0. 070
SWB1	0. 106	0. 154	0. 090	0. 322	0. 104	0. 072	0. 058	**0. 806**
SWB2	0. 079	0. 015	0. 030	-0. 027	0. 014	0. 074	0. 241	**0. 867**
SWB3	0. 006	0. 042	0. 103	0. 058	0. 040	0. 224	0. 342	**0. 852**
SWB4	0. 041	-0. 032	-0. 016	0. 058	-0. 038	0. 218	0. 087	**0. 788**

注：提取方法：主成分分析法。

旋转法：具有 Kaiser 标准化的正交旋转法；a. 旋转在 7 次迭代后收敛。

第三节 信度和效度检验

一、信度检验

本书采用克朗巴哈系数（Cronbach's α）值和基于标准化项的 Cronbach's α 值来检验变量的信度。品牌忠诚、品牌长期竞争力、品牌满意、品牌信任、品牌承诺、基本责任、相关者责任和社会公益责任的 Cronbach's α 值和基于标准化项的 Cronbach's α 值的最低值为 0. 759，高于 0. 70 的经验判断准则，接近 0. 8 以上的理想水平。因此，各个变量的量表均体现出较高的内部一致性，有较高的信度。统计结果见表 5. 4。

表 5.4　　品牌可持续性变量的可靠性统计

变量	Cronbach's Alpha	基于标准化项的 Cronbach's Alpha	项数
品牌忠诚	0.885	0.889	3
品牌长期竞争力	0.759	0.794	3
品牌满意	0.846	0.887	3
品牌信任	0.818	0.861	3
品牌承诺	0.920	0.922	3
基本责任	0.825	0.826	3
相关者责任	0.875	0.875	3
社会公益责任	0.804	0.809	4

二、效度检验

为了保证调查问卷的有效性，应对调查问卷进行效度检验。本书首先对调查问卷的内容效度进行检验。本书模型中用来测量各影响因素的量表是根据相关研究文献整理，并且结合实地调研进行修正后确定的，可以说明本问卷具有一定的内容效度。本书进一步对模型的建构效度进行检验，检验结果见表 5.5。

表 5.5　　品牌可持续性量表的测量模型检验

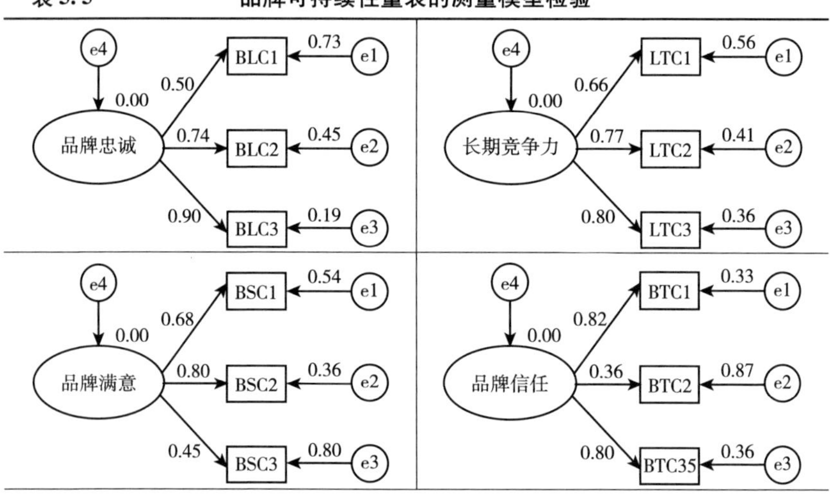

续表

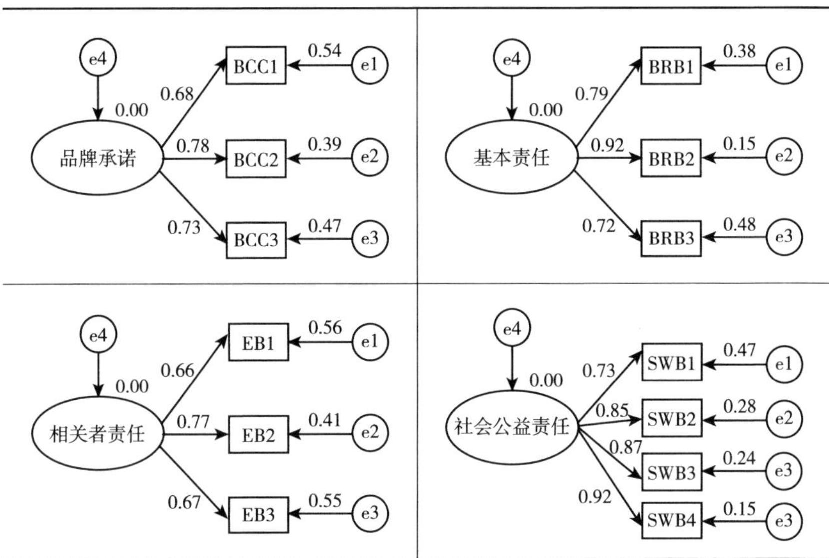

表 5.5 表明，仅品牌满意和品牌信任各有一个测量指标的标准化载荷系数为 0.45 和 0.36，其余 23 项测量指标的标准化载荷系数均达到判断标准大于 0.5 的要求，表明品牌忠诚、品牌长期竞争力、品牌满意、品牌信任、品牌承诺、基本责任、相关者责任和社会公益责任量表中测量指标的收敛效度较好，基本可以接受。

本书利用标准化系数估计值来计算潜变量的区别效度。区别效度的计算公式如下：

$$\rho = \frac{\sum (\lambda)^2}{\sum (\lambda)^2 + \sum (\theta)},$$

$$即:\rho = \frac{\sum (标准化因子负荷量)^2}{\sum (标准化因子负荷量)^2 + \sum (观察变量的误差变异量)}$$

其中，ρ 为区别效度，λ 为指标变量在潜在变量上完全标准化参数估计值（即回归系数），θ 为观察变量的误差变异量。

根据表5.5，本书对8个潜在变量的区别效度分别进行检验。计算结果如下：

$$\rho(\text{品牌忠诚}) = \frac{\sum(0.50+0.74+0.90)^2}{\sum(0.50+0.74+0.90)^2 + \sum(1-0.50+1-0.74+1-0.90)} = 0.84$$

$$\rho(\text{品牌长期竞争力}) = \frac{\sum(0.66+0.77+0.80)^2}{\sum(0.66+0.77+0.80)^2 + \sum(1-0.66+1-0.77+1-0.80)} = 0.87$$

$$\rho(\text{品牌满意}) = \frac{\sum(0.68+0.80+0.45)^2}{\sum(0.68+0.80+0.45)^2 + \sum(1-0.68+1-0.80+1-0.45)} = 0.78$$

$$\rho(\text{品牌信任}) = \frac{\sum(0.82+0.36+0.80)^2}{\sum(0.82+0.36+0.80)^2 + \sum(1-0.82+1-0.36+1-0.80)} = 0.79$$

$$\rho(\text{品牌承诺}) = \frac{\sum(0.68+0.78+0.73)^2}{\sum(0.68+0.78+0.73)^2 + \sum(1-0.68+1-0.78+1-0.73)} = 0.86$$

$$\rho(\text{基本责任}) = \frac{\sum(0.79+0.92+0.72)^2}{\sum(0.79+0.92+0.72)^2 + \sum(1-0.79+1-0.92+1-0.72)} = 0.91$$

$$\rho(\text{相关者责任}) = \frac{\sum(0.66+0.77+0.67)^2}{\sum(0.66+0.77+0.67)^2 + \sum(1-0.66+1-0.77+1-0.67)} = 0.83$$

$$\rho(\text{社会公益责任}) = \frac{\sum(0.73+0.85+0.87+0.92)^2}{\sum(0.73+0.85+0.87+0.92)^2+\sum(1-0.73+1-0.85+1-0.87+1-0.92)} = 0.95$$

品牌忠诚、品牌长期竞争力、品牌满意、品牌信任、品牌承诺、基本责任、相关者责任和社会公益责任潜变量的区别效度分别为0.84、0.87、0.78、0.79、0.86、0.91、0.83和0.95，均比标准值0.6高，区别效度完全可以接受。综合收敛效度和区别效度，本书品牌可持续性测量模型的建构效度可以接受。

三、模型拟合度评估

AMOS常用卡方统计量（CMIN）来评估测量模型的拟合度。本书进一步对品牌忠诚、品牌长期竞争力、品牌满意、品牌信任、品牌承诺、基本责任、相关者责任和社会公益的测量模型进行CMIN/DF拟合检验。预设模型（default model），是本书设立的模型。饱和模型（saturated model），是对观测变量的方差及变量之间的所有相关关系进行估计的模型，可以认定为对数据适合最佳的模型。独立模型（independence model），是指估计观测变量方差的模型，可以认定为对数据适合最不佳的模型。由于本书的8个变量饱和模型的CMIN均为0，独立模型的CMIN/DF均大于50，故表5.6中未列出饱和模型和独立模型的CMIN、DF以及CMIN/DF检验值，仅列示了预设模型的检验值。

表 5.6　　测量模型拟合度 CMIN/DF 检验

变量	模型类型	CMIN	DF	CMIN/DF
品牌忠诚	default model	7.276	3	2.425
长期竞争力	default model	11.512	3	3.837
品牌满意	default model	6.885	3	2.295
品牌信任	default model	9.645	3	3.215
品牌承诺	default model	10.042	3	3.347
基本责任	default model	8.148	3	2.716
相关者责任	default model	7.173	3	2.391
社会公益责任	default model	17.930	6	2.988

由表 5.6 量表的测量模型拟合度 CMIN/DF 来看，品牌忠诚、品牌长期竞争力、品牌满意、品牌信任、品牌承诺、基本责任、相关者责任和社会公益责任的预设模型的 CMIN/DF 值介于 2.295 ~ 3.837，可以认定测量模型与观测数据拟合度较好，测量模型可以接受。

本节通过对品牌忠诚、品牌长期竞争力、品牌满意、品牌信任、品牌承诺、基本责任、相关者责任和社会公益责任变量的 Cronbach's α 系数、标准化载荷系数以及 CMIN/DF 检验值的分析，得到本书样本数据的信度和效度可以接受。

第四节　验证性因子分析

一、结构模型 -1 的验证性因子分析

根据第三章的理论预设模型以及本章前文相关分析的结果，本书利用调查数据对品牌可持续性进行验证性因子分析，以查证结构模型拟合性。本书输出标准化估计值，结构模型 -1 被识别。结构模型 -1 输出路径如图 5.1 所示。

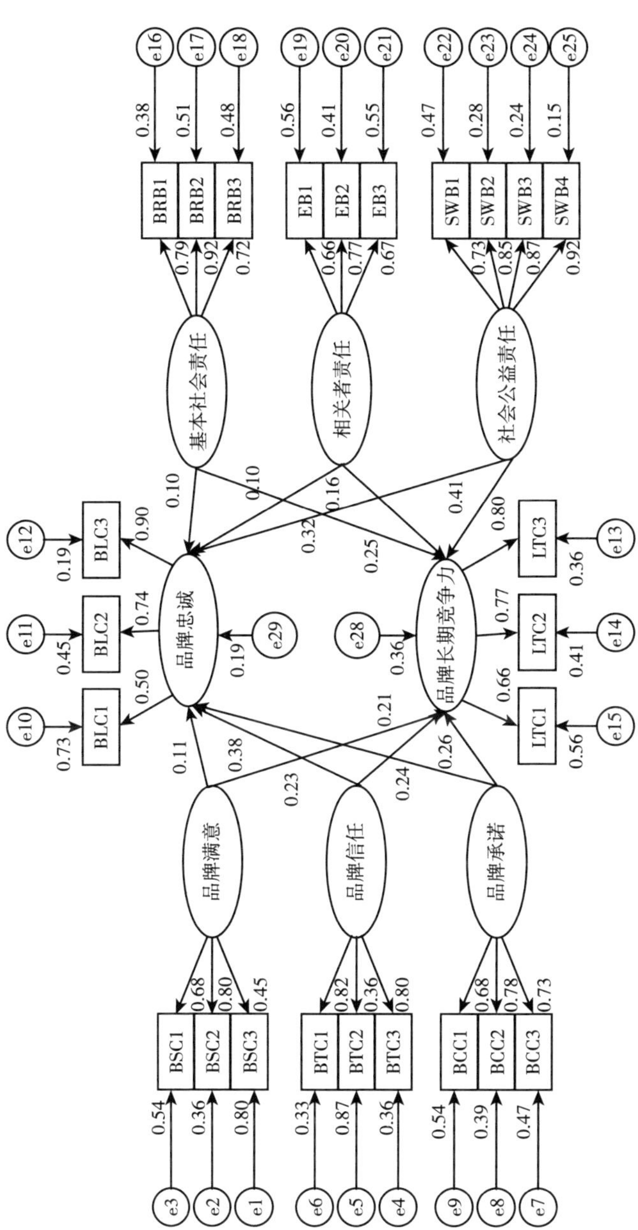

图 5.1　本书结构模型－1 的标准化路径

本书结构模型 -1 的回归系数分析结果见表 5.7。

表 5.7　　　　本书结构模型 -1 的回归系数分析结果

变量关系			回归系数					标准化回归值
			估计量	标准误差	临界比	P 值	路径	
品牌忠诚	←	品牌满意	0.116	0.059	1.966	0.021	par_18	0.106
品牌长期竞争力	←	品牌满意	0.326	0.090	3.624	***	par_19	0.227
品牌长期竞争力	←	品牌信任	0.295	0.049	6.019	0.005	par_20	0.205
品牌忠诚	←	品牌信任	0.242	0.045	5.322	***	par_21	0.380
品牌忠诚	←	品牌承诺	0.234	0.044	5.318	0.047	par_22	0.244
品牌长期竞争力	←	品牌承诺	0.260	0.061	4.262	0.021	par_23	0.255
品牌忠诚	←	相关者责任	0.108	0.062	1.749	0.044	par_24	0.104
品牌长期竞争力	←	相关者责任	0.226	0.084	2.682	0.017	par_25	0.254
品牌长期竞争力	←	社会公益责任	0.435	0.060	7.277	***	par_26	0.408
品牌忠诚	←	社会公益责任	0.120	0.041	2.893	0.004	par_27	0.160
品牌忠诚	←	基本社会责任	0.080	0.043	1.832	0.067	par_28	0.100
品牌长期竞争力	←	基本社会责任	0.366	0.062	5.925	***	par_29	0.321

注：*** 表示 1% 以下显著性水平。

根据图 5.1 和表 5.7 本书结构模型 -1 的检验结果可以看出，模型的建构效度可以接受。从显著性来看，除基本社会责任对于品牌忠诚未达到显著性（$p<0.05$）影响外（$p=0.067$），其他关系均具有显著性的影响（$p<0.05$）。本书进一步对消费者关系质量进行拟合检

验。检验结果见表5.8。

表5.8　　本书结构模型-1的拟合检验结果

	模型拟合统计值	拟合标准（好）	拟合检验值	检验结论
绝对拟合优度	CMIN/DF	≤3	2.532	拟合好
	拟合优度指数（GFI）	≥0.9	0.884	可以接受
	调整拟合优度（AGFI）	≥0.8	0.856	拟合好
	近似误差均方根残差（RMSEA）	≤0.1	0.062	拟合好
增量拟合优度	Turker-Lewis 指数（TLI）	≥0.9	0.887	可以接受
	比较拟合优度指数（CFI）	≥0.9	0.902	拟合好
	增值拟合优度指数（IFI）	≥0.9	0.903	拟合好
简约拟合优度	简约规范优度指数（PNFI）	≥0.5	0.739	拟合好
	简约拟合优度指数（PCFI）	≥0.5	0.785	拟合好

从表5.8中可以看出，本书结构模型-1的输出结果显示：绝对拟合优度、增量拟合优度、简约拟合优度可以接受或较好拟合。本书结构模型-1可以接受，可用于检验本书提出的研究假设。

二、结构模型-2的验证性因子分析

本书对结构模型-2（如图5.2所示），进行验证性因子分析。

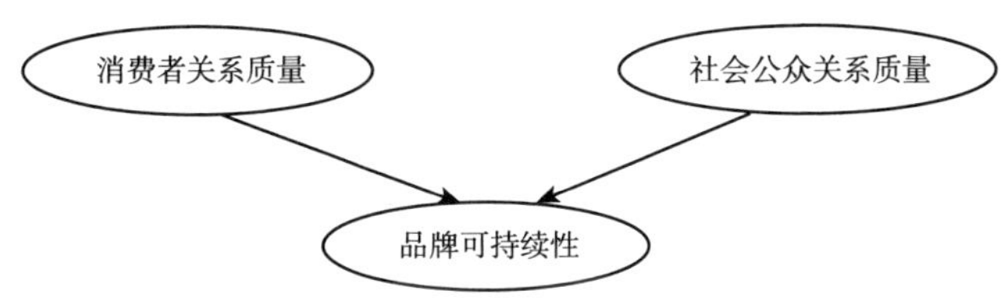

图5.2　本书结构模型-2

为了对结构模型-2进行拟合检验，需首先对消费者关系质量和社会公众关系质量的测量模型进行检验；其次，根据考克和林恩

（Kock，N. and Lynn，G. S.，2012）的建议对测量模型进行调整；最后，利用调整后的测量模型对本书结构模型－2进行结构分析和模型拟合分析。

表5.10检验结果显示，消费者关系质量的结构模型拟合程度好，如图5.3和表5.9所示的消费者关系质量要素品牌满意与品牌信任存在显著影响关系（$p<0.001$），也部分验证了俞林（2015）以洗发水和手机产品品牌作为样本的研究结论。为了尽量避免多重共线性对研究结果的影响，本书采纳考克和林恩（2012）的建议，对消费者关系质量的题项进行删减，即删除标准化载荷系数小于0.4的题项。因此，本书结构模型－2的消费者关系质量测量题项如图5.4所示。

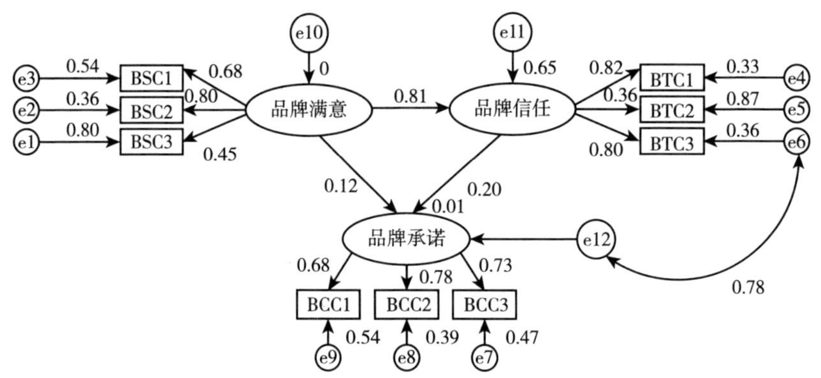

图5.3　消费者关系质量要素间的关系

表5.9　消费者关系质量要素的协方差关系

			回归系数					标准化回归值
			估计量	标准误差	临界比	P值	路径	
品牌信任	←	品牌满意	0.633	0.094	6.767	***	par_5	0.809
品牌承诺	←	品牌信任	0.288	0.078	3.691	***	par_8	0.204
品牌承诺	←	品牌满意	0.211	0.023	9.088	***	par_10	0.116

注：*** 表示1%以下显著性水平。

表 5.10　　　　消费者关系质量模型拟合检验结果

	模型拟合统计值	拟合标准（好）	拟合检验值	检验结论
绝对拟合优度	CMIN/DF	≤3	1.782	拟合好
	拟合优度指数（GFI）	≥0.9	0.953	拟合好
	调整拟合优度（AGFI）	≥0.8	0.908	拟合好
	近似误差均方根残差（RMSEA）	≤0.1	0.066	拟合好
增量拟合优度	Turker-Lewis 指数（TLI）	≥0.9	0.940	拟合好
	比较拟合优度指数（CFI）	≥0.9	0.962	拟合好
	增值拟合优度指数（IFI）	≥0.9	0.963	拟合好
简约拟合优度	简约规范优度指数（PNFI）	≥0.5	0.587	拟合好
	简约拟合优度指数（PCFI）	≥0.5	0.615	拟合好

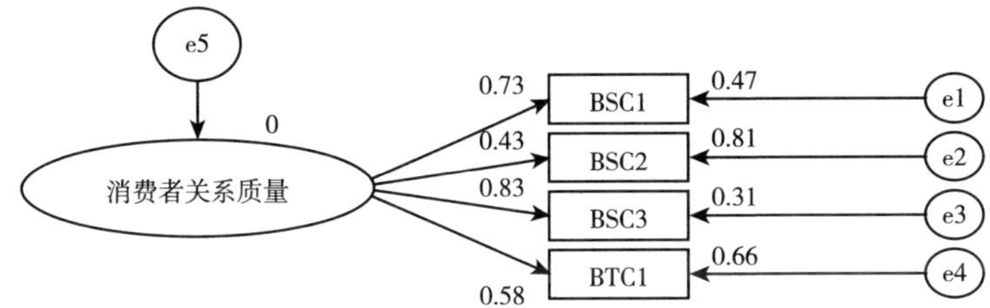

图 5.4　本书结构模型 -2 的消费者关系质量测量模型

本书对消费者关系质量测量模型的区别效度进行检验，计算得到消费者关系质量的区别效度为 0.82，高于标准值 0.6，消费者关系质量测量模型的区别效度可以接受。

$$\rho(\text{消费者关系质量}) = \frac{\sum(0.73+0.43+0.83+0.58)^2}{\sum(0.73+0.43+0.83+0.58)^2 + \sum(1-0.73+1-0.43+1-0.83+1-0.58)} = 0.82$$

图 5.4 和表 5.11 为调整后的消费者关系质量测量模型的检验结

果，从中可以看出，标准化载荷系数最小值为0.432，最大值为0.830。结合消费者关系质量的区别效度为0.82，消费者关系质量测量模型的建构效度可以接受。进一步，对消费者关系质量进行拟合检验。检验结果见表5.12。

表5.11　消费者关系质量测量模型-2调整后的标准化载荷系数

			标准化载荷系数
BSC1	←	消费者关系质量	0.727
BSC2	←	消费者关系质量	0.432
BSC3	←	消费者关系质量	0.830
BTC1	←	消费者关系质量	0.582

表5.12　消费者关系质量测量模型拟合检验结果

	模型拟合统计值	拟合标准（好）	拟合检验值	检验结论
绝对拟合优度	CMIN/DF	≤3	2.912	拟合较好
	拟合优度指数（GFI）	≥0.9	0.966	拟合较好
	调整拟合优度（AGFI）	≥0.8	0.832	拟合较好
	近似误差均方根残差（RMSEA）	≤0.1	0.181	可以接受
增量拟合优度	Turker-Lewis 指数（TLI）	≥0.9	0.795	拟合较好
	比较拟合优度指数（CFI）	≥0.9	0.932	拟合较好
	增值拟合优度指数（IFI）	≥0.9	0.933	拟合较好
简约拟合优度	简约规范优度指数（PNFI）	≥0.5	0.408	可以接受
	简约拟合优度指数（PCFI）	≥0.5	0.381	可以接受

表5.12的检验结果显示，经调整的消费者关系质量测量模型与观测数据拟合度较好，测量模型可以接受。

另外，本书对社会公众关系质量测量模型进行检验。

表5.14检验结果显示，社会公众关系质量的结构模型拟合程度好，如图5.5和表5.13所示的社会公众关系质量要素相关者责任与

社会公益责任存在显著正向影响（$p<0.001$），而基本社会责任与相关者和社会公益行为的影响较小。为了尽量避免多重共线性对研究结果的影响，本书采纳考克和林恩（2012）的建议，对社会公众关系质量的题项进行删减，即删除标准化载荷系数小于0.4的题项。因此，本书结构模型-2的社会公众关系质量测量题项如图5.6所示。

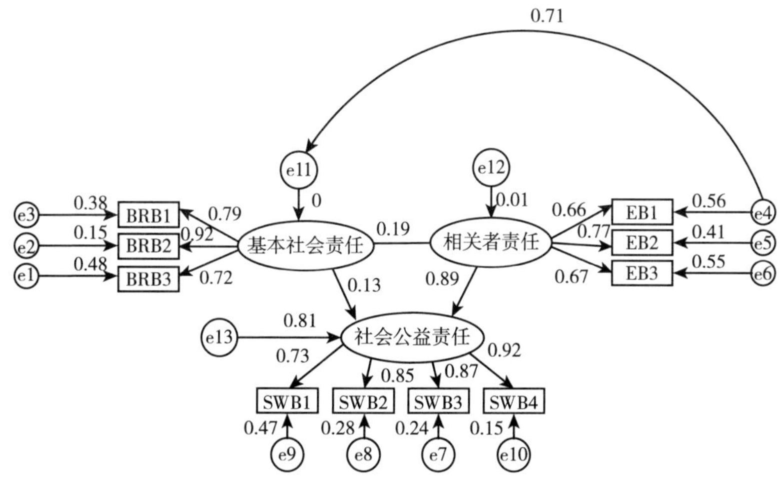

图5.5　社会公众关系质量要素间的关系

表5.13　社会公众关系质量要素的协方差关系

			回归系数					标准化回归值
			估计量	标准误差	临界比	P值	路径	
相关者责任	←	基本社会责任	0.105	0.009	11.507	***	par_7	0.194
社会公益	←	基本社会责任	0.137	0.070	1.958	***	par_8	0.133
社会公益	←	相关者责任	0.898	0.397	2.249	***	par_9	0.893

注：*** 表示1%以下显著性水平。

表 5.14　　　　　社会公众关系质量模型拟合检验结果

	模型拟合统计值	拟合标准（好）	拟合检验值	检验结论
绝对拟合优度	CMIN/DF	≤3	1.916	拟合好
	拟合优度指数（GFI）	≥0.9	0.941	拟合好
	调整拟合优度（AGFI）	≥0.8	0.895	拟合好
	近似误差均方根残差（RMSEA）	≤0.1	0.071	拟合好
增量拟合优度	Turker-Lewis 指数（TLI）	≥0.9	0.942	拟合好
	比较拟合优度指数（CFI）	≥0.9	0.960	拟合好
	增值拟合优度指数（IFI）	≥0.9	0.961	拟合好
简约拟合优度	简约规范优度指数（PNFI）	≥0.5	0.635	拟合好
	简约拟合优度指数（PCFI）	≥0.5	0.661	拟合好

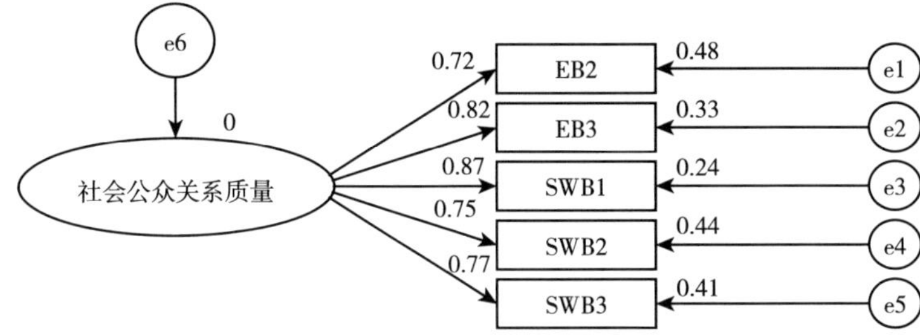

图 5.6　本书结构模型 -2 的社会公众关系质量测量模型

本书对社会公众关系质量测量模型的区别效度进行检验，计算得出社会公众关系质量的区别效度为 0.94，高于标准值 0.6，社会公众关系质量测量模型的区别效度可以接受。

$$\rho(\text{社会公众关系质量}) = \frac{\sum(0.72+0.82+0.87+0.75+0.77)^2}{\sum(0.72+0.82+0.87+0.75+0.77)^2 + \sum(1-0.72+1-0.82+1-0.87+1-0.75+1-0.77)} = 0.94$$

根据图 5.6 和表 5.15 的社会公众关系质量测量模型的检验结果

可以看出，标准化载荷系数最小值为0.724，最大值为0.872。结合社会公众关系质量的区别效度为0.94，社会公众关系质量测量模型的建构效度可以接受。进一步，对社会公众关系质量进行拟合检验。检验结果见表5.16。

表5.15　社会公众关系质量测量模型-2调整后的标准化载荷系数

			标准化载荷系数
EB2	←	社会公众关系质量	0.724
EB3	←	社会公众关系质量	0.817
SWB1	←	社会公众关系质量	0.872
SWB2	←	社会公众关系质量	0.749
SWB3	←	社会公众关系质量	0.765

表5.16　社会公众关系质量测量模型拟合检验结果

	模型拟合统计值	拟合标准（好）	拟合检验值	检验结论
绝对拟合优度	CMIN/DF	≤3	2.578	拟合较好
	拟合优度指数（GFI）	≥0.9	0.915	拟合较好
	调整拟合优度（AGFI）	≥0.8	0.745	可以接受
	近似误差均方根残差（RMSEA）	≤0.1	0.205	可以接受
增量拟合优度	Turker-Lewis指数（TLI）	≥0.9	0.853	可以接受
	比较拟合优度指数（CFI）	≥0.9	0.927	拟合较好
	增值拟合优度指数（IFI）	≥0.9	0.927	拟合较好
简约拟合优度	简约规范优度指数（PNFI）	≥0.5	0.459	可以接受
	简约拟合优度指数（PCFI）	≥0.5	0.463	可以接受

表5.16的检验结果显示，社会公众关系质量测量模型与观测数据拟合度较好，测量模型可以接受。进而，对本书结构模型-2进行结构方程验证性检验，检验结果如图5.7所示。

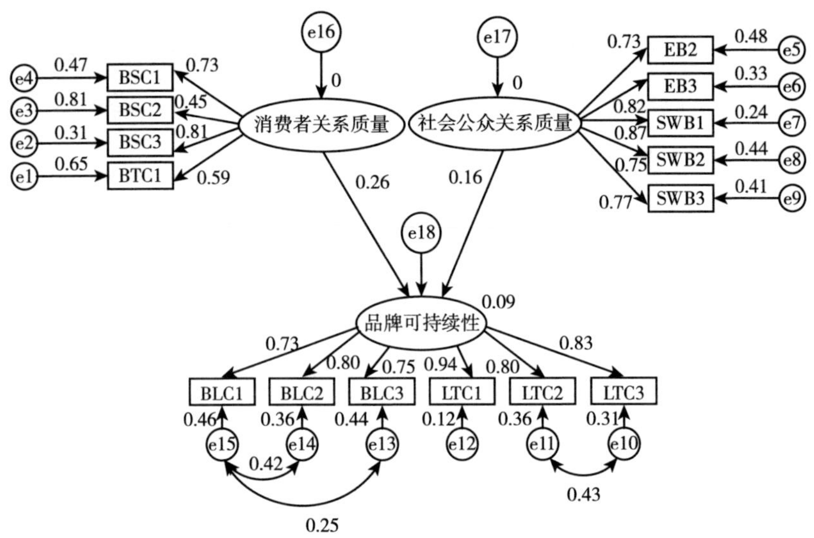

图 5.7　本书结构模型 -2 的验证性因子分析结果

从表 5.17 和表 5.18 可以看出，品牌可持续性的结构模型 -2 的输出结果显示，拟合检验值可以接受或较好拟合。结构模型 -2 可接受，能够用以检验本书提出的理论假设。

表 5.17　　本书结构模型 -2 的标准化回归系数分析结果

			标准化回归值
品牌可持续性	←	社会公众关系质量	0.158
品牌可持续性	←	消费者关系质量	0.255

表 5.18　　品牌可持续性的结构模型 -2 的拟合检验结果

	模型拟合统计值	拟合标准（好）	拟合检验值	检验结论
绝对拟合优度	CMIN/DF	≤3	2.206	拟合较好
	拟合优度指数（GFI）	≥0.9	0.885	可以接受
	调整拟合优度（AGFI）	≥0.8	0.837	拟合较好
	近似误差均方根残差（RMSEA）	≤0.1	0.082	拟合较好

续表

	模型拟合统计值	拟合标准（好）	拟合检验值	检验结论
增量拟合优度	Turker-Lewis 指数（TLI）	≥0.9	0.922	拟合较好
	比较拟合优度指数（CFI）	≥0.9	0.937	拟合较好
	增值拟合优度指数（IFI）	≥0.9	0.937	拟合较好
简约拟合优度	简约规范优度指数（PNFI）	≥0.5	0.721	拟合较好
	简约拟合优度指数（PCFI）	≥0.5	0.758	拟合较好

第五节　实证结果分析与讨论

综合本书结构模型 -1 和结构模型 -2 的实证结果，研究假设 H2 和假设 H3 被结构模型 -1 直接证实，从而假设 H1 被间接证实；假设 H5 和假设 H6 被结构模型 -1 直接证实，从而假设 H4 被间接证实；假设 H8 和假设 H9 被结构模型 -1 直接证实，从而假设 H7 被间接证实；假设 H10 被结构模型 -2 直接证实；假设 H12 和假设 H13 被结构模型 -1 直接证实，从而假设 H11 被间接证实；假设 H15 和假设 H16 被结构模型 -1 直接证实，从而假设 H14 被间接证实；假设 H18 和假设 H19 被结构模型 -1 直接证实，从而假设 H17 被间接证实；假设 H20 被结构模型 -2 直接证实。因此，可以得到本书研究假设的验证结果，见表 5.19。

表 5.19　本书研究的基本结果与假设验证

编号	研究假设	
H1	品牌满意对品牌可持续性具有正向影响	间接证实
H2	品牌满意对品牌忠诚具有正向影响	直接证实
H3	品牌满意对品牌长期竞争力具有正向影响	直接证实
H4	品牌信任对品牌可持续性具有正向影响	间接证实

续表

编号	研究假设	
H5	品牌信任对品牌忠诚具有正向影响	直接证实
H6	品牌信任对品牌长期竞争力具有正向影响	直接证实
H7	品牌承诺对品牌可持续性具有正向影响	间接证实
H8	品牌承诺对品牌忠诚具有正向影响	直接证实
H9	品牌承诺对品牌长期竞争力具有正向影响	直接证实
H10	消费者关系质量对品牌可持续性具有正向影响	直接证实
H11	不能充分履行基本社会责任对品牌可持续性具有负向影响	间接证实
H12	不能充分履行基本社会责任对品牌忠诚具有负向影响	直接证实
H13	不能充分履行基本社会责任对品牌长期竞争力具有负向影响	直接证实
H14	履行利益相关者责任对品牌可持续性具有正向影响	间接证实
H15	履行利益相关者责任对品牌忠诚具有正向影响	直接证实
H16	履行利益相关者责任对品牌长期竞争力具有正向影响	直接证实
H17	履行社会公益责任对品牌可持续性具有正向影响	间接证实
H18	履行社会公益责任对品牌忠诚具有正向影响	直接证实
H19	履行社会公益责任对品牌长期竞争力具有正向影响	直接证实
H20	社会公众关系质量对品牌可持续性具有正向影响	直接证实

某特色农产品品牌可持续性的实证结果显示如下所述。

（1）依据本书结构模型-1的验证性因子分析结果，从消费者关系质量来看，品牌满意、品牌信任和品牌承诺对品牌忠诚和品牌长期竞争力具有不同程度的影响。就品牌忠诚而言，影响程度从大到小依次为品牌信任（0.380）>品牌承诺（0.244）>品牌满意（0.106）。消费者对某特色农产品品牌形成了长期、理性的正面判断，具有较高的品牌信任，是品牌忠诚的关键要素。某特色农产品品牌能够给消费者一定的、基于某特色农产品的独特形态和品质的信任而产生的安全感，从而赢得较高的品牌信任，为某特色农产品消费者的品牌忠诚培育进而为实现品牌可持续性奠定了良好基础。此外，消费者对某特色农产品品牌积累了一定的满意度。即使存在少量的、负面的品牌不满意，通过适当的、及时的补救措施依然可以维持较高的正面的品牌信任，从而维系消费者的品牌忠诚和某特色农产品品牌可持续性。就品牌长期竞争力而言，影响程度从大到小依次为品牌承诺（0.255）>品牌满意（0.227）>品牌信任（0.205）。消费者关系质量的三个维度对品牌长期竞争力的影响虽有不同，但差别不大。为了提升某特色农产品品牌的长期竞争力，在消费者关系质量的三个维度方面均需要投入持续的努力。整体来看，消费者关系质量对品牌忠诚和品牌长期竞争力的影响均较大。

（2）依据本书结构模型－1的验证性因子分析结果，从社会公众关系质量来看，基本社会责任、相关者责任和社会公益均对品牌可持续性具有不同程度的影响。就品牌忠诚而言，其影响程度从大到小依次为社会公益（0.160）>相关者责任（0.104）>基本责任（0.100）。就品牌长期竞争力而言，其影响程度从大到小依次为社会公益（0.408）>基本责任（0.321）>相关者责任（0.254）。可以说，社会公众关系质量的三个维度对品牌忠诚的影响较小，但对品牌长期竞争力的影响较大。履行道德驱动的社会公益行为是维护品牌的社会关系质量的核心影响要素。而对履行基本社会义务的基本社会责任行为和履行利益相关者义务的环境保护行为是品牌理所应当履行的义务行为。充分履行品牌义务，确保依法依规，以减少对社会关系质量的损害、维护品牌可持续性。同时，尽可能履行社会公益行为，以提升品牌的社会关系质量，从而增强品牌可持续性。为了提升某特色农产品品牌的长期竞争力，在社会公众关系质量的三个维度方面均需要投入持续的努力。整体来看，社会公众关系质量对品牌长期竞争力的影响较大，而对品牌忠诚的影响相对较小。

（3）从消费者关系质量和社会公众关系质量的各维度来看，对品牌忠诚的影响程度从大到小依次为：品牌信任（0.380）>品牌承诺

(0. 244) >社会公益行为（0. 160）>品牌满意（0. 106）>相关者责任(0. 104) >基本社会责任（0. 100)；对品牌长期竞争力的影响程度从大到小依次为：社会公益行为（0. 408) >基本社会责任（0. 321）>品牌承诺（0. 255) >相关者责任（0. 254）>品牌满意（0. 227）>品牌信任（0. 205)。可以看出，消费者关系质量中的品牌信任和品牌承诺对品牌忠诚的影响相对较大，社会公众关系质量的各维度对品牌忠诚影响程度相对较小；而消费者关系质量和社会公众关系质量各维度都对品牌长期竞争力具有较大影响。

（4）依据本书结构模型-2的验证性因子分析结果，消费者关系质量和社会公众关系质量对品牌可持续性具有不同程度的影响，其影响程度从大到小依次为消费者关系质量（0. 26）>社会公众关系质量(0. 16)。消费者关系质量和社会公众关系质量都显著地影响品牌的可持续性，而消费者关系质量比社会公众关系质量影响更大。

第六章　研究结论与对策

第一节　研究的主要结论

一、消费者关系质量对品牌忠诚具有显著影响，进而影响品牌可持续性

本书实证研究结果显示，消费者关系质量中的品牌信任和品牌承诺是影响品牌忠诚的关键要素，进而影响品牌可持续性。消费者的品牌承诺与品牌信任、品牌满意之间存在正向关系。一方面，品牌满意会正面影响品牌承诺。班萨尔等（Bansal et al.，2004）认为，消费者的品牌满意是其对特定品牌作出承诺的前提条件之一，也就是消费者的品牌满意直接影响其品牌承诺。另一方面，品牌信任是品牌承诺的重要驱动因素。乔杜里和霍尔布鲁克（Chaudhuri and Holbrook，2001）研究认为，品牌信任和品牌承诺之间存在正向关系，品牌信任是品牌承诺的前提条件之一。类似地，施姆维尔等（Shemwell et al.，1994）；黄和宋诺（Wong and Sohal，2002）的研究成果都表明，品牌信任对品牌承诺水平有显著正向的影响。俞林（2015）以洗发水和手机产品品牌作为样本的研究成果显示，顾客满意和经验信任对关系承

诺具有正向的直接作用，同时，顾客满意通过经验信任对关系承诺具有正向的间接作用。本书图5.3也显示，以某特色农产品品牌为样本，品牌满意对品牌信任的标准化路径系数为0.81，说明品牌信任显著地受到品牌满意的影响。只有在当期消费者满意的基础上，利用有效的品牌动态管理能力，引导消费者情感从对产品或服务满意逐步转为对品牌满意，进而促使消费者感知品牌价值优势使其产生品牌信任。通过长期维护品牌信任，使消费者愿意与品牌保持长久稳定的关系。这种良好的消费者关系质量可以带来品牌忠诚。因此，持续改进消费者关系质量，有助于提升品牌忠诚，进而有利于品牌可持续性。

二、消费者关系质量对品牌长期竞争力具有显著影响，进而影响品牌可持续性

本书实证研究结果显示，消费者关系质量中的品牌满意、品牌信任和品牌承诺均对品牌长期竞争力具有显著影响，进而影响品牌可持续性。当期的、良好的消费者关系质量可以带来当前的品牌竞争力，持续改进的消费者关系质量能够带来品牌长期竞争力。这种品牌长期竞争力体现为独有的品牌个性和鲜明的品牌诉求点、具有独特的品牌文化、消费者能感知到品牌优势（胡大立，2005）。而且，伴随着消费者对品牌个性和品牌诉求点的变化而及时调整消费者感知的品牌优势，持续改善品牌满意、品牌信任和品牌承诺，增强消费者与品牌保持长久稳定关系，实现消费者关系质量的持续改进，不仅有助于提升品牌长期竞争力，而且有利于实现品牌的可持续性。

三、社会公众关系质量对品牌长期竞争力具有显著影响，进而影响品牌可持续性

本书实证研究结果显示，社会公众关系质量中的基本社会责任、相关者责任和社会公益责任都对品牌长期竞争力具有显著影响，进而影响品牌可持续性。履行基本社会责任不能使品牌区别或领先于其他竞争对手，但却是参与竞争的资格要素，是品牌的基本义务；履行相关者责任有助于塑造负责任的品牌形象，引起消费者正面的品牌联想并促进其购买行为，进而提高品牌长期竞争力；履行道德驱动的社会公益责任有助于塑造品牌形象，提高品牌知名度、美誉度，引起消费者正面的品牌联想并促进其购买行为，进而提高品牌长期竞争力，最终影响品牌的可持续性。

四、一个推论

综合上述研究结论，本书可以得到一个推论：消费者关系质量和社会公众关系质量围绕着品牌可持续性这一中心轴线形成类似 DNA 的双螺旋结构。在消费者关系质量和社会公众关系质量双螺旋的内侧通过“碱基”发生相互作用，在外侧是由 PDCA 交替连接而成两条螺旋线。随着消费者关系质量和社会公众关系质量的 PDCA 循环，推动两条螺旋线螺旋形上升，进而带动品牌可持续性轴线的提升。

进一步来看，消费者关系质量和社会公众关系质量所形成的双螺旋结构的中心轴是品牌可持续性。而这一轴线又是品牌忠诚和品牌长期竞争力形成具有矢量特征的双螺旋结构，在品牌忠诚和品牌长期竞争力螺旋内侧通过“碱基”相互作用，在外侧分别与消费者关系质量

和社会公众关系质量通过“碱基”发生相互作用。在品牌忠诚和品牌长期竞争力的双螺旋共同作用下，构成了品牌可持续性。

第二节　提高品牌可持续性的对策建议

一、提升消费者关系质量，促进品牌可持续性

为了提升消费者关系质量，促进品牌可持续性，一方面，可以从方法论方面应用 PDCA 循环持续改进品牌满意、品牌信任和品牌承诺。另一方面，可以从消费情景、自我认同、品牌个性和品牌体验四个影响品牌关系形成因素方面，提升消费者关系质量，促进品牌可持续性。

（1）从消费情景中识别影响品牌满意、品牌信任和品牌承诺的关键因素。

关注消费情境，关注消费者购买和消费时具体的物质环境、社会环境、购买任务、消费者花费的时间和先行状态等。消费情境不仅影响消费者的购买意愿、品牌选择、信息搜集范围和涉入度等，而且影响品牌满意、品牌信任和品牌承诺。因此，为了促进品牌可持续性，在消费偏好调查分析的基础上，通过对消费情境因素分析，从众多的、具体的消费情境中识别出品牌满意、品牌信任和品牌承诺的关键影响因素，选择适宜的消费情境设计，应用 PDCA 循环持续改进品牌满意、品牌信任和品牌承诺的关键影响因素，提升消费者关系质量，促进品牌可持续性。

（2）加强消费者自我认同。

获得消费者的自我认同，实现消费者与品牌的共鸣，是构建消费

者与品牌关系的关键（Keller，2001）。塑造与消费者自我印象一致的品牌形象，提升消费者对品牌的认同程度，有助于改善品牌满意、品牌信任和品牌承诺，提升消费者关系质量，促进品牌可持续性。

（3）塑造品牌个性。

独具个性的品牌会深刻影响着目标消费者的消费欲望和冲动，并与消费者建立情感偏好，形成较为稳定的品牌关系。坚持独特的品牌个性并确保一致性，将鲜明的品牌个性特征传达给消费者，增加品牌满意、品牌信任和品牌承诺，形成稳定的消费者关系质量，促进品牌可持续性。

（4）加强品牌体验。

品牌体验是品牌与消费者之间的互动行为过程，是通过消费者心理感知与消费者心理期望比较的结果；通过持续创造魅力质量特性给消费者带来意外惊喜，通过鲜明的品牌个性、丰富的品牌联想让消费者体验到心理满足感，实现持续强化品牌忠诚。加强品牌体验，首先，品牌要有与众不同的个性展示，才能给予消费者独特的体验；其次，品牌体验要让消费者处于主体地位，消费者以个性化的、互动的方式参与以获得深刻的感受，强化对品牌的认知；最后，品牌体验要通过精心设计以为消费者带来意外惊喜。品牌体验的最终目的就是要使品牌与消费者结成稳定的关系，达到较高的消费者关系质量，促进品牌可持续性。

二、提升社会公众关系质量，促进品牌可持续性

为了提升社会公众关系质量，促进品牌可持续性，不仅可以应用 PDCA 循环持续改进社会公众关系质量，还可以应用卡诺模型（Kano）分析社会公众关系质量。具体来说，包括以下三个方面。

（1）切实充分履行基本社会责任。

履行基本社会责任被社会公众视为理所当然的行为。虽然履行基本社会责任不会让社会公众产生满意，但可以减少社会公众的不满意。若不充分履行基本社会责任却一定会令社会公众产生不满。因此，为了提升社会公众关系质量，促进品牌可持续性，应切实充分履行基本社会责任。

（2）充分履行相关者责任。

履行相关者责任的充分程度符合一元质量特性。当相关者责任得到充分履行，社会公众会对品牌产生满意，积极的品牌形象得以塑造，从而有助于改善社会公众关系质量；当相关者责任没有得到充分履行，会损害品牌形象，社会公众会对品牌产生不满，从而危害社会公众关系质量。因此，为了提升社会公众关系质量，促进品牌可持续性，应当充分履行相关者责任。

（3）履行与自身能力相匹配的社会公益责任。

积极履行道德驱动的社会公益责任有助于塑造品牌形象，提高品牌知名度、美誉度，从而有助于改善社会公众关系质量。随着社会公众越来越关注社会责任，积极履行与自身能力相匹配的社会责任的组织能够吸引公众的注意力，影响消费者品牌选择。因此，为了提升社会公众关系质量，促进品牌可持续性，应当履行与自身能力相匹配的社会公益责任。

三、提升特色农产品品牌可持续性的对策建议

（一）建立区域品牌管理平台，增加品牌管理的有效供给，提升品牌可持续性

从品牌生态来看，虽然某特色农产品的生产规模大，加工与销售

企业多，但缺乏对某特色农产品品牌的统一管理，品牌生态处于自然的、碎片化状态。从品牌供给侧来看，作为公共产品的某特色农产品品牌存在严重供给不足。作为区域性的公共品牌，某特色农产品品牌不能排斥区域内任何人的使用。区域品牌一旦形成，将产生外部性问题，导致与区域品牌的外部经济行为低于最优水平，而外部不经济行为高于最优水平。最终区域品牌会被滥用，而且得不到相应的建设与维护，严重影响品牌的可持续性。为此，建立品牌管理平台，增加品牌管理的有效供给，成为解决某特色农产品品牌的公共性问题和建设良性发展的品牌管理平台的重要手段之一。

（1）明晰产权主体，按某特色农产品品牌发展阶段进行分类管理。

对处于形成阶段的区域品牌，为了打造区域品牌优势，需要依靠各方经济主体的共同努力、共同保护才能继续成长。如政府部门在大力推广特色农产品种植的同时，积极参与产品品牌管理，快速形成了一定的品牌优势。原因是政府部门在参与和协调区域品牌管理时，具有显著的权威性。事实上，区域品牌产权归属于国有产权。这种品牌国有产权，提高了品牌供给。某特色农产品区域品牌大多处于成长阶段，品牌具有了一定的市场规模与知名度，产生了一定的品牌优势，附加了一定的经济价值与文化价值，可以积极鼓励优势企业实施“区域品牌＋企业品牌”的双品牌策略以及适当鼓励企业联盟与行业中介组织作为产权主体，增加区域品牌供给，既维护了大多数经济主体的所有者地位，又保证了区域品牌发展的市场化。对处于稳定发展阶段的区域品牌，为了保证区域品牌的可持续发展，需要将产权及时界定给居于龙头地位的经济主体，安排私有产权，使产权主体有足够的动力维护、保护、发展与提升区域品牌。

（2）明确品牌核心价值，强化某特色农产品品牌的差异化定位。

新疆地区的该特色农产品的种植主要位于我国西部地区，四季分明、光照长、年温差和日温差均大，降水稀少，蒸发旺盛。夏季炎热，但酷暑期短；冬无严寒，但低温期长；春夏多大风、沙暴、浮尘天气。因此，某特色农产品种植的地理和气候条件相近，在市场定位、价格定位、形象定位、地理定位、人群定位和渠道定位等品牌定位方面差异化程度低。消费者往往难以区分某特色农产品五大区域品牌之间的差异，它们被统一冠名为“某特色农产品”。在某特色农产品区域品牌管理的初期阶段，相似的品牌定位无疑有助于快速推广某特色农产品区域品牌。然而，随着某特色农产品种植规模的扩大，产量已占全国总产量 1/2 以上，品牌知名度迅速提升。此阶段实施差异化的品牌定位，避开正面激烈竞争，已是迫在眉睫。为此，某特色农产品需要挖掘差异化的品牌定位，培育和传播品牌个性与品牌气质，让消费者明确、清晰地识别并记住品牌的利益点与个性。在明确差异化的品牌定位之后，注重品牌延伸过程中的产品契合度和受众契合度，以实现品牌价值的最大化。

在差异化品牌定位基础上，进一步明确品牌的核心价值。某特色农产品基本种植在气候干旱炎热的沙漠边缘和戈壁地区，受病虫害的危害小，种植过程中极少使用农药，从而确保某特色农产品的绿色产品品质。同时，某特色农产品具有重要的环保价值。某特色农产品种植地区不是荒漠边缘就是戈壁荒滩，某特色农产品的种植能防风固沙、改善恶劣的自然环境，具有重要的环保价值。品牌价值不仅反映某特色农产品是绿色产品，而且还包含了人们与恶劣自然环境做斗争的人文精神。

（3）设立品牌管理平台，整合产业资源和确保质量稳定。

品牌产权人与主要相关方共同设立某特色农产品品牌管理平台，整合产业资源，实施消费者满意驱动的品牌运营。通过平台的共享机制、开放机制、功能机制、利益分配机制、过滤与筛选机制、评分与积分机制等确保某特色农产品质量，促进品牌满意，维护品牌信任，实现品牌可持续性的提升。首先，品牌管理平台有助于促进平台相关方信息畅通。平台是加工企业和政府、政府和农户、加工企业和经销企业之间联系的桥梁，推动信息流在整个系统的畅通。其次，品牌管理平台有助于整合行业资源。整合行业资源，形成市场合力共同进行某特色农产品市场的开拓。通过平台的整合功能，不断提高某特色农产品产业的组织化程度。同时，整合后可充分利用某特色农产品的地理优势，形成政府和企业、农户等各方参与，平台统一负责组织与协调的品牌管理机制。最后，品牌管理平台发挥对某特色农产品的生产标准和质量规范的监督功能，确保某特色农产品质量稳定，促进品牌满意，维护品牌信任。

（二）培育良性的品牌适应系统，持续提升品牌可持续性

复杂适应系统理论认为，系统个体与环境以及与其他个体间的相互作用，不断改变着它们自身，同时也改变着环境。在微观层面，具有适应能力的、主动的个体能够根据行为的效果调整自己的行为规则，以便更好地在客观环境中生存。在宏观层面，在个体之间以及个体与环境的相互作用中，系统呈现出分化、涌现等演化过程。换言之，系统的演化过程既有从复杂到简单的“瓦解”，也有从简单到复杂的“涌现”，二者此消彼长。复杂适应系统理论得到了众多研究结果的支持和证明，成为系统演化研究的重要工具。

从品牌系统来看，品牌具有适应性，品牌系统符合复杂适应系统的特征。品牌系统演化主要体现在系统结构的演化方面。因此，从品牌系统来看，按照某地区当前已形成的特色品牌，培育良性的某特色农产品品牌演化系统，主要从培育不同品牌层次和不同功能的品牌体

系两个方面，打造不仅有主导品牌，还有潜力品牌和小品牌共同组成的运行良好的品牌系统结构，以持续提升某特色农产品品牌可持续性。

（1）培育三层次的某特色农产品品牌系统。

某特色农产品品牌系统可以划分为三个层次：第一层次品牌是某特色农产品的五大区域品牌。目前在国内已经具有较高的知名度和较强的竞争力，是品牌培育和发展的中坚力量，是打造国际知名、国内著名、区域主导的品牌体系的核心，同时通过它们的发展能够带动其他品牌的建设。第二层次是具有较高知名度的企业品牌，主要由处于行业领先地位的企业品牌组成，与第一层次品牌之间具有强烈的相互促进作用，需要进一步做大做强，提升品牌满意，维护品牌信任。第三层次是培育发展的某特色农产品品牌，主要是由品牌知名度不高、综合实力不强的企业品牌组成。第三层次的品牌需要品牌管理平台提供技术和管理支持，促进品牌满意，维护消费者对第一层次品牌的满意和信任。

（2）培育不同功能的品牌体系。

培育不同功能的品牌体系是依据某特色农产品产业链，打造既有竞争性品牌也有互补性品牌的品牌结构体系。培育某特色农产品种植、加工到销售各环节的互补性品牌，通过整合单个品牌的力量，发挥系统优势与功能。即通过互补性品牌优化系统的结构、增加系统的产量，实现品牌系统演化是一个结构有序增加的过程，发挥品牌间的协同作用，从而提升某特色农产品品牌可持续性。

（三）细分消费者需求，完善品牌管理与创新体系

创新是人类社会发展的动力源泉，唯有持续创新才能推动社会的持续进步和可持续发展。持续创新是持续地对其各种生产要素进行创

新性的集成。可持续发展是持续创新的结果和表现形式，而持续创新则是可持续发展的前因。类似地，品牌可持续性是持续创新的结果和表现形式之一，持续创新则是品牌可持续性的驱动要素。首先，通过持续的市场创新，不断发现和挖掘消费者需求及其变动趋势；其次，通过持续的技术创新，不断推出满足消费者新需求的新产品或新服务；再次，利用技术创新成果持续满足消费者需求，甚至超越消费者期望，促使消费者对品牌满意，进而产生品牌信任，促进品牌可持续性；最后，通过持续的管理创新，确保技术和市场创新得以持续、高效地开展。因此，品牌可持续性需要技术、市场和管理创新有机结合的持续创新。通过持续创新，创造消费者满意和信任的品牌，从而构建良好的品牌关系质量，驱动品牌可持续性的提升。因此，持续创新是品牌可持续性的驱动要素。

从质量管理的卡诺模型来看，为了提升某特色农产品品牌的可持续性，需要对消费者需求进行细分，并采取相应的措施。首先，应全力以赴地满足消费者的基本型需求，保证消费者的基本型需求得到充分满足，以减少消费者的不满意。消费者对某特色农产品的食品安全需求应当全力以赴地充分实现，以减少消费者的不满意。例如，某特色农产品未添加甜蜜素，消费者不会为此而对某特色农产品质量感到满意。反之，一旦被消费者知晓某特色农产品中添加了甜蜜素，那么消费者对该特色农产品品牌的满意水平则会明显下降。其次，应尽量去满足消费者的一元型需求，提供消费者喜爱的额外服务或产品功能，使其优于竞争对手，引导消费者强化对本品牌的良好印象，使消费者产生满意。例如，某特色农产品与该农产品核的大小比例，某特色农产品越大而核越小，通常消费者就会越满意。最后，争取创造魅力特性，实现消费者的魅力型需求，保持高的品牌满意度。值得一提的是，随着消费者收入水平的提升，需求会逐步升级。当前的魅力型需求会逐步转化为未来的一元型需求，甚至是基本型需求；当前的一元型需求会逐步转化为基本型需求。因此，企业应跟踪消费者需求的变化，持续挖掘消费者的魅力型需求，并不断创造魅力特性以给消费者带来意外惊喜，建立高满意度、高信任度和高忠诚度的客户群，进而确保品牌的可持续性。简言之，在细分消费者需求的基础上，完善围绕基本型需求、一元型需求和魅力型需求的某特色农产品品牌管理体系，以及围绕魅力型需求持续创造具有魅力特性的某特色农产品品牌创新体系。

第三节　本书研究不足与展望

本书期望以培育和提升品牌可持续性为品牌管理的最终目标，并侧重于那些影响品牌可持续性的因素，进而展开精细化的品牌管理活动。但本书研究存在以下两个方面的不足之处，并期望未来做进一步研究。

（1）限于研究精力和研究经费约束，本书从品牌关系质量的视角对品牌可持续性的影响因素进行了研究。而且，本书仅以某特色农产品品牌作为研究样本，研究样本范围的局限性限制了研究结论的普适性。在不同产业背景下，品牌可持续性的诸多影响因素作用机理很可能存在巨大差异。未来研究可以以行业内的品牌作为研究范围，选取更多的样本数据进行分析，也为进一步比较不同产业环境下品牌可持续性影响因素奠定基础。

（2）在研究方法方面，本书采用了理论分析并借助结构方程模型进行实证分析。对于从品牌关系质量来讨论品牌可持续性的影响因素方面，面临答题人在主观评价时不可避免地存在偏差。同时，由于品牌可持续性的诸多影响因素之间存在多重共线性问题以及解释变量存在嵌套关系，因此，未来研究可以考虑采用复杂适应系统分析方法、复杂网络分析方法和多层次线性模型分析方法进一步讨论品牌的可持续性问题。

附录 A　品牌关系质量与品牌可持续性关系的调查问卷

说明

1. 本问卷的目的是了解品牌关系质量的现状和认识品牌可持续性的影响因素，希望能够得到您的大力支持。

2. 本次调查为匿名调查，纯属学术研究目的，没有任何商业用途。我们将对您提供的资料严格保密。

3. 问卷中所有问题回答均无对错之分，请根据您自己的判断填写，在您认为最合适的答案对应区域内打“√”。若有某个问题所提供的选项未能完全表达您的意见，请选择您认为最接近您的看法的选项，或给出您的理想答案。开放式项目请填写具体内容。

4. 您的回答对我们的研究十分重要，非常感谢您的热情帮助。

5. 如果您对本次研究结果感兴趣，请发邮件至 treestone@163. com。

课题组

基本信息

(1) 您是否购买过某特色农产品?

(A) 是　　(B) 否

(2) 您购买某特色农产品的频率大约是________。

(A) 经常　　(B) 每月一次

(C) 每三个月一次　　(D) 半年一次

(E) 一年一次

(3) 您知道的某特色农产品品牌有________。

(A) 1个　　(B) 2个

(C) 3个　　(D) 很多

(E) 没有

(4) 您最喜欢的某特色农产品是________。

(A) ***　　(B) ***

(C) ***　　(D) ***

(E) ***

根据您所熟悉的某特色农产品品牌，进行以下判断，并在对应方格里打“√”，1代表“非常不同意”，3代表“不确定”，5代表“非常同意”。

序号	题　　项	不同意⟶同意				
		1	2	3	4	5
BLC1	购买这个品牌是最好的选择					
BLC2	这个品牌是我的首选					
BLC3	我会向周围人推荐这个品牌					
LTC1	这个品牌有品牌个性和特点					
LTC2	这个品牌具有独特的品牌文化					
LTC3	消费者能感知到这个品牌的优势					
BSC1	我喜欢这个品牌					
BSC2	这个品牌满足我的需要					
BSC3	我购买这个品牌是个正确的决定					
BTC1	这个品牌让我感到安全和放心					
BTC2	我觉得这个品牌是值得信赖的					
BTC3	我相信这个品牌不会欺骗消费者					
BCC1	虽然有些麻烦，我也要买到这个品牌					
BCC2	我愿意一直使用该品牌					

续表

序号	题　　项	不同意——→同意				
		1	2	3	4	5
BCC3	我希望这个品牌长期成功					
BRB1	这个品牌注重产品安全和品质					
BRB2	这个品牌口感很好					
BRB3	这个品牌提供充分的产品服务相关信息					
EB1	这个品牌的产品环保					
EB2	这个品牌支持生态可持续发展					
EB3	这个品牌参与环境治理和保护					
SWB1	这个品牌参与慈善捐赠、物资支援					
SWB2	这个品牌关怀弱势群体					
SWB3	这个品牌提供健康、教育等项目支持					
SWB4	这个品牌支援公共设施，促进地区发展					

再次诚挚地感谢您的支持！

附录B　品牌可持续性专家调查表

第一次调查表：

本调查是对品牌可持续性内涵的调查，是从管理学角度展开，并尽量避免经济学的可持续发展概念对其的影响。

您认为品牌可持续性与下列哪些相关，请在选项后打“√”。若您认为品牌可持续性与其他未列出的要素相关，请在下表空格处注明。

品牌文化	品牌竞争力	品牌满意	品牌忠诚
品牌信任	品牌价值	品牌承诺	品牌优势
品牌关系强度	品牌联结	品牌生态环境	品牌知识
品牌产权			

第二次调查表：

本调查是对品牌可持续性内涵的调查，是从管理学角度展开。下列概念之间可能存在不同程度的重叠，请选择您认为更为重要的选项。请选择出不多于5个选项，并请在选项后打“√”。

品牌价值	品牌满意	品牌忠诚	品牌长期竞争力
品牌承诺	品牌信任	品牌生态位	品牌长期竞争优势

第三次调查表：

您认为下列哪些选项可以用于评价品牌可持续性，请选择出不多于3个选项，并请在选项后打“√”。

品牌忠诚	品牌价值	品牌长期竞争力
品牌满意		品牌长期竞争优势

参考文献

[1] 蔡丹红，裴来辉．品牌关系研究文献综述［J］．杭州电子科技大学学报（社会科学版），2014，10（6）：23－29.

[2] 陈宏辉，贾生华．企业利益相关者三维分类的实证分析［J］．经济研究，2004（4）：80－90.

[3] 陈志昂，陆伟．企业社会责任三角模型［J］．经济与管理，2003（11）：60－61.

[4] 菲利浦·科特勒，加里·阿姆斯特朗．市场营销原理：全球版［M］．北京：清华大学出版社，2013.

[5] 高松，庄晖．品牌生态环境与品牌发展——达尔文生物进化思想对品牌发展演进的启示［J］．生态经济，2007（10）.

[6] 高翔．消费者品牌依恋对品牌忠诚的影响研究［D］．厦门：华侨大学，2012.

[7] 古安伟．基于消费者关系视角的品牌资产概念模型及其驱动关系研究［D］．长春：吉林大学，2012.

[8] 郭克锋．区域品牌形成与引入的经济学分析［J］．统计与决策，2011（7）：68－71.

[9] 韩巍，席西民．关系：中国商业活动的基本模式探讨［J］．西北大学学报，2001（1）：43－47.

[10] 何佳讯，卢泰宏．中国文化背景中的消费者—品牌关系：

理论建构与实证研究［J］. 商业经济与管理，2007（11）：41－49.

［11］何佳讯. 品牌关系质量本土化模型的建立与验证［J］. 华东师范大学学报（哲学社会科学版），2006（3）：100－106.

［12］何佳讯. 中外企业的品牌资产差异及管理建议：基于CBRQ量表的实证研究［J］. 中国工业经济，2006（8）：109－116.

［13］何庆丰. 品牌声誉、品牌信任与品牌忠诚关系研究——以手机行业为例［D］. 杭州：浙江大学，2006.

［14］何元斌. 企业可持续发展的三层次六维度分析框架研究［J］. 经济问题探索，2009（6）：83－89.

［15］侯立松，刘永新，张燚. 品牌与利益相关者的互动机理和互动模式研究［J］. 云南财经大学学报，2014（6）：36－43.

［16］侯立松. 系统建构品牌学学科体系——评《品牌学——理论基础与学科发展》［J］. 重庆文理学院学报，2008，27（5）：128.

［17］侯立松，张燚. 利益相关者视角下的品牌关系界面管理［J］. 企业家天地下半月刊（理论版），2008，12（No. 349）：246－247.

［18］侯立松，张燚. 品牌关系质量的评价方法与维度研究——兼论品牌评价方法的演进［J］. 兰州学刊，2014（10）：167－172.

［19］胡大立，谌飞龙. 论品牌竞争力的来源及其形成过程［J］. 经济管理，2007（18）：40－44.

［20］胡大立，谌飞龙，吴群. 品牌竞争力的内涵及其源流分析［J］. 经济问题探索，2005（10）：30－33.

［21］胡大立，谌飞龙，吴群. 品牌竞争力的生成及其贡献要素优势转化机制分析［J］. 科技进步与对策，2005（7）：81－83.

［22］黄文彦，蓝海林. 西方顾客承诺研究述评［J］. 商业经济与管理，2010（7）：72－80.

[23] 蒋小钰. 品牌环境生态学研究构架初探 [J]. 企业经济, 2008 (6).

[24] 李飞, 中华老字号品牌的生命周期研究 [J]. 北京工商大学学报 (社会科学版), 2015, 30 (4): 28-34.

[25] 李龙熙. 对可持续发展理论的诠释与解析 [J]. 行政与法, 2005 (1): 3-7.

[26] 刘林青, 梅诗晔. 管理学中的关系研究: 基于 SSCI 数据库的文献综述 [J]. 管理学报, 2016, 13 (4): 613-623.

[27] 刘人怀, 姚作为. 关系质量研究述评 [J]. 外国经济与管理, 2005 (1): 27-33.

[28] 柳锦铭. 基于利益相关者的品牌危机管理研究 [D]. 天津: 天津大学, 2007.

[29] 卢泰宏, 高辉. 品牌老化与品牌激活研究述评 [J]. 外国经济与管理, 2007, 29 (2): 17-23.

[30] 卢泰宏, 周志民. 基于品牌关系的品牌理论: 研究模型及展望 [J]. 商业经济与管理, 2003 (2): 4-9.

[31] 陆娟. 现代企业品牌发展战略 [M]. 南京: 南京大学出版社, 2002.

[32] 吕艳玲, 王兴元. 品牌竞争力形成的动态机理模型及其提升对策 [J]. 经济问题探索, 2012 (8): 81-85.

[33] 罗伯特·C. 希金斯. 财务管理分析 (第五版) [M]. 北京: 北京大学出版社, 1998.

[34] 罗珉. 组织间关系理论最新研究视角探析 [J]. 外国经济与管理, 2007 (1): 25-32.

[35] 马永斌. 组织间关系构建理论综述及发展趋势展望 [J]. 科学学与科学技术管理, 2010 (6): 49-52.

[36] 马永生. 品牌关系管理——营销理论的新发展 [J]. 财经研究, 2001 (12): 44 - 49.

[37] 梅克保. 把我国经济发展推向质量效益时代 [N]. 人民日报, 2014 - 12 - 26.

[38] (美) 罗伯特 · C. 希金斯. 财务管理分析 (第五版): Analysis for Financial Management [M]. 北京: 北京大学出版社, 1998.

[39] (美) 詹姆斯 · C. 范霍恩. 金融市场利率与流量 (第五版) [M]. 大连: 东北财经大学出版社, 2000.

[40] (美) 詹姆斯 · C. 范霍恩. 财务管理与政策 (第十一版) [M]. 大连: 东北财经大学出版社, 2000.

[41] 潘成云. 品牌生命周期论 [J]. 商业经济与管理, 2000 (9): 19 - 21.

[42] 潘成云. 品牌市场生命周期管理理论论纲 [J]. 中国流通经济, 2006 (9): 42 - 45.

[43] 邱东, 宋旭光. 可持续发展的非线性理论——兼对 "三个零增长" 观点的反思 [J]. 东北财经大学学报, 2004 (1): 3 - 5.

[44] 邱东, 宋旭光. "三个零增长" 不符合可持续发展的要求——兼对 "三个零增长" 观点的反思 [J]. 理论参考, 2006 (4): 40 - 41.

[45] 沙振权, 郜光伟. 品牌声誉、品牌满意与品牌忠诚的关系研究 [J]. 工业技术经济. 2008, 27 (10): 89 - 92.

[46] 苏伟伦. 戴明管理思想核心读本 [M]. 北京: 中国社会科学出版社, 2003.

[47] 田虹, 袁海霞. 企业社会责任匹配性何时对消费者品牌态度更重要 [J]. 南开管理评论, 2013, 16 (3): 101 - 108.

[48] 汪波, 高辉. 品牌竞争力内涵及其测评研究 [J]. 内蒙古

农业大学学报（社会科学版），2006（4）：126－128.

［49］王启万，王兴元．产业集群核心企业品牌生态位关键要素研究［J］．统计与决策，2013（5）：185－188.

［50］王兴元．名牌生态系统分析理论及管理策略研究［M］．北京：经济科学出版社，2007：45，279，124.

［51］王兴元．品牌生态位测度及其评价方法研究［J］．预测，2006（5）.

［52］王兴元．品牌生态学产生的背景与研究框架［J］．科技进步与对策，2004，21（7）：121－124.

［53］王兴元．品牌生态：隐喻研究的方法、意义及动态［J］．企业经济，2008（1）：56－59.

［54］王艳婷．基于社会责任的企业品牌价值影响因素及提升路径研究［D］．天津：天津财经大学，2013.

［55］温炎，许正良，古安伟．多重困境下中国本土品牌可持续发展对策研究［J］．社会科学战线，2012（7）：236－238.

［56］温炎，许正良，马欣欣．组织承担社会责任对品牌提升的影响作用探析［J］．现代管理科学，2012（3）：32－34.

［57］温炎．组织社会责任行为与其品牌成长关系的研究［D］．长春：吉林大学，2012.

［58］吴中超．解读“企业可持续成长”的内涵、外延与本质特征——一个整合的多维概念框架［J］．当代经济管理，2011，33（8）：13－18.

［59］吴中超，刘雅妮．国外企业可持续成长理论流派述评［J］．重庆工商大学学报（社会科学版），2011，28（5）：50－58.

［60］肖华茂，彭剑．文化：品牌可持续发展的核心竞争力［J］．经济视角，2011（5）：1－3.

[61] 许安心. 基于品牌生命周期视角的品牌危机产生机理研究 [J]. 技术经济, 2007 (11): 93-96.

[62] 许基南. 品牌竞争力研究 [M]. 北京: 经济管理出版社, 2005: 20-95.

[63] 许正良, 古安伟, 马欣欣. 基于消费者价值的品牌关系形成机理 [J]. 吉林大学社会科学学报, 2012 (2): 130-136.

[64] 杨保军, 黄志斌. 基于"品牌基因"视角的回族老字号 [J]. 兰州商学院学报, 2013 (6).

[65] 杨保军, 黄志斌. 品牌进化理论研究文献综述及展望 [J]. 企业经济, 2015 (3): 10-15.

[66] 杨保军, 景娥, 王金云. 品牌进化生态因子研究 [J]. 商业时代, 2010 (18).

[67] 杨保军. 品牌进化的动力机制与模型分析 [J]. 河南科技大学学报 (社会科学版), 2010 (4).

[68] 杨保军, 王金云, 景娥. 西北民族地区企业品牌生态 [J]. 生态经济, 2010 (2).

[69] 俞林. 品牌信任、顾客满意及关系承诺 [J]. 中国流通经济, 2015 (3): 101-107.

[70] 袁海霞. 企业社会责任匹配性与消费者品牌态度: 条件化间接效果暨调节效应研究 [D]. 长春: 吉林大学, 2014.

[71] 张文泉. 辨物居方、明分使群——汽车造型品牌基、遗传和变异 [D]. 长沙: 湖南大学, 2012.

[72] 张燚, 刘进平, 张锐. 国外品牌关系模型的演化发展及趋势 [J]. 企业经济, 2008 (4): 51-55.

[73] 张燚, 张锐. 生态学视角下的战略理论研究与新发展——一个研究框架的提出与构思 [J]. 科学学与科学技术管理, 2005

(2): 83 -88.

[74] 周骏宇. 品牌的进化 [J]. 企业管理, 2006 (11).

[75] 周梦影, 冯梦祝. 扭转品牌弱势, 提升品牌竞争力 [J]. 经营与管理, 2013 (6): 40 -41.

[76] 周志民, 卢泰宏. 广义品牌关系结构研究 [J]. 中国工业经济, 2004 (11): 98 -105.

[77] 周志民. 品牌关系研究述评 [J]. 外国经济与管理, 2007 (4): 48 -56.

[78] 周志民. 品牌关系指数模型研究: 一个量表开发的视角 [J]. 营销科学学报, 2006, 2 (2): 24 -40.

[79] 朱哲廷. 品牌社群价值对品牌信任的影响作用研究 [J]. 市场研究, 2015 (5): 23 -26.

[80] Aaker D. A., Erich Joachimsthaler. Brand Leadership [M]. New York: The Free Press, 2002.

[81] Aaker D., Keller K. Corporate Level Marketing: The Impact of Credibility on a Company's Brand Extensions [J]. Corporate Reputation Review, 1998, 1 (4): 356 -381.

[82] Adam J. Marquardt. Relationship Quality as a Resource to Build Industrial Brand Equity When Products Are Uncertain and Future-based [J]. Industrial Marketing Management, 2013, 42 (8): 1386 -1397.

[83] Aggarwal P. The Effects of Brand Relationship Norms on Consumer Attitudes and Behavior [J]. Journal of Consumer Research, 2004, 31 (1): 87 -101.

[84] Anderson J. C., Narus J. A. Business Market Management [M]. 北京: 北京大学出版社, 2006.

[85] Bansal H. S., Irving P. G., Taylor S. F. A Three-Component

Model of Customer Commitment to Service Providers [J]. Journal of the Academy of Marketing Science, 2004, 32 (3): 234 –250.

[86] Belk, Russell W. Situational Variables and Consumer Behavior [J]. Journal of Consumer Research, 1975, 2 (3): 157 –164.

[87] Beverland M. The 'real thing': Branding Authenticity in the Luxury Wine Trade [J]. Journal of Business Research, 2006, 59 (2): 251 –258.

[88] Blackston M. A Brand with an Attitude: A Suitable Case for Treatment [J]. Journal of the Market Research Society, 1992, 34 (3): 231 –241.

[89] Blackston, Max. Observations: Building Brand Equity by Managing the Brand's Relationships [J]. Journal of Advertising Research, 2000, 40 (6): 101 –105.

[90] Brown S., R. V. Kozinets, and J. F. Sherry. Teaching Old Brands New Tricks: Retro Branding and the Revival of Brand Meaning [J]. Journal of Marketing, 2003, 67 (7): 19 –33.

[91] Chang P. L., Chieng M. H. Building Consumer-Brand Relationship: A Cross-Cultural Experiential View [J]. Psychology & Marketing, 2006, 23 (11): 927 –959.

[92] Charkham J. Corporate Governance: Iessons from Abroad [J]. European Business Journal, 1992, 2 (4): 816.

[93] Chaudhuri, A. and Holbrook, M. B. The Chain of Effects From Brand Trust and Brand Affect to Brand Performance: The Role of Brand Loyalty [J]. Journal of Marketing, 2001, 65 (2), 81 –93.

[94] Clarkson, M. A Risk-based Model of Stakeholder Theory [M]. Proceeding of the Toronto Conference, 1994.

[95] Crosby, Lawrence A., Evans, Kenneth R., and Cowles, Deborah. Relationship Quality in Services Selling: An Interpersonal Influence Perspective [J]. Journal of Marketing, 1990, 54 (jul/3): 68 - 81.

[96] Davis S., Halligan C. Extending Your Brand by Optimizing Your Customer Relationship [J]. Journal of Consumer Marketing, 2002, 19 (1): 7 - 11.

[97] De Wulf K. Odekerken-Schröder G. de Cannière M. H. Van Oppen C. What Drives Consumer Participation to Loyalty Programs? A Conjoint Analytical Approach [J]. Journal of Relationship Marketing, 2003, 2 (1): 69 - 83.

[98] Dwyer F., Robert, Oh Sejo. Output Sector Munificence Effects on the Internal Political Economy of Marketing Channels [J]. Journal of Marketing Research, 1987, 24 (4): 347 - 358.

[99] Dyson P., Farr A., Hollis N. S. Understanding, Measuring, and Using Brand Equity [J]. Journal of Advertising Research, 1996.

[100] Fornell, Claes. A National Customer Satisfaction Barometer: The Swedish Experience [J]. Journal of Marketing, 1992, 56 (1): 6 - 21.

[101] Fournier S. Consumers and Their Brands: Developing Relationship Theory in Consumer Research [J]. Journal of Consumer Research, 1998, 24.

[102] Frederick W. C., The Moral Authority of Transnational Corporate Codes [J]. Journal of Business Ethics, 1991, 3 (10): 165 - 177.

[103] Freeman. Strategic Management: A Stakeholder Approach [M]. Boston: Pitlnan/Ballinger, 1984.

[104] Ghrib H., Bayarassou O., Becheur I. Beyond Brand Personality: Building Consumer-Brand Emotional Relationship [J]. Global Business Review, 2017.

[105] Granovetter M. Economic Institutions as Social Constructions: A Framework for Analysis [J]. Acta Sociologica, 1992, 35 (1): 3-11.

[106] Harris L. C., Goode M. M. H. The Four Levels of Loyalty and the Pivotal Role of Trust: A Study of Online Service Dynamics [J]. Journal of Retailing, 2004, 80 (2): 139-158.

[107] Hennig-Thurau Thorsten and Klee Alexander. The Impact of Customer Satisfaction and Relationship Quality on Customer Retention: A Critical Reassessment and Model Development [J]. Psychology & Marketing, 1997, 14 (Dec/8): 737-765.

[108] Jones J. P. The Advertising Business: Operations, Creativity, Media Planning, Integrated Communications [J]. Journal of Consumer Marketing, 1999, 17 (6): 550-560.

[109] Joseph J. Cronin et al. Assessing the Effects of Quality, Value, and Customer Satisfaction on Consumer Behavioral Intentions in Service Environments [J]. Journal of Retailing, 2000.

[110] Kaltcheva V., Weitz B. The Effects of Brand-Consumer Relationships Upon Consumers' Attributions and Reactions [J]. Advances in Consumer Research, 1999, 26 (1): 455-462.

[111] Keller K. L. Building Customer-Based Brand Equity [J]. Marketing Management, 2001, 10 (2): 14-19.

[112] Ken Peattie. Towards Sustainability: The Third Age of Green Marketing [J]. The Marketing Review, 2001, 2: 129-146.

[113] Kobsa A., Cho H., Knijnenburg B P. The Effect of Personalization Provider Characteristics on Privacy Attitudes and Behaviors: An Elaboration Likelihood Model Approach [J]. Journal of the Association for Information Science and Technology, 2016, 67 (11): 2587 -2606.

[114] Kock N., Lynn G. S. Lateral Collinearity and Misleading Results in Variance-Based SEM: An Illustration and Recommendations [J]. Social Science Electronic Publishing, 2012, 13 (7): 546 -580.

[115] Kotler P. Competitive Strategies for New Product Marketing over the Life Cycle [J]. Management Science, 1965, 12 (4).

[116] Kotler, Philip. Marketing management: Analysis, Planning, Implementation, and Control [M]. 北京: 清华大学出版社, 1997.

[117] Lau G. T., Lee S. H. Consumers' Trust in a Brand and the Link to Brand Loyalty [J]. Journal of Market-Focused Management, 1999, 4 (4): 341 -370.

[118] Lehu, J. Back to Life! Why Brands Grow Old and Sometimes Die and What Managers Then Do: An Exploratory Qualitative Research Put Into the French Context [J]. Journal of Marketing Communications, 2004, 10 (6): 133 -152.

[119] Maignan I., Ferrell O. C. Corporate Social Responsibility and Marketing: An Integrative Framework [J]. Journal of the Academy of Marketing Science, 2004, 32 (1): 3 -19.

[120] Mc Alexander, J. H., Schouten, J. W., and Koenig, H. F. Building Brand Community [J]. Journal of Marketing, 2002, 66 (Jan.): 38 -54.

[121] Miller D., Merrilees B. Rebuilding Community Corporate Brands: A Total Stakeholder Involvement Approach [J]. Journal of Busi-

ness Research, 2013, 66 (2): 172 -179.

[122] Mohr Jakki, Spekman Robert. Characteristics of Partnership Success: Partnership Attributes, Communication Behavior, and Conflict Resolution Techniques [J]. Strategic Management Journal, 1994, 15 (2): 135 -152.

[123] Moorman C., Zaltman G. The Dynamics of Trust within and between Organizations [J]. Journal of Marketing Research, 1992, 29: 314 -318.

[124] Morgan, Robert M. and Shelby D. Hunt. The Commitment-Trust Theory of Relationship Marketing [J]. Journal of Marketing, 1994, 58 (7): 20 -38.

[125] Muniz A. M., O' Guinn T. C. Brand Community [J]. Journal of Consumer Research, 2001 (4): 412 -432.

[126] Penrose E. Theory of the Growth of the Firm [J]. Journal of the Operational Research Society, 1959, 23 (2): 240 -241.

[127] Sargeant, Adrian and Crissman, Kathryn. Corporate Giving in Anstralia: An Analysis of Motives and Barriers [J]. Australian Joumal of social Issues, 2006, 41 (4): 477 -492.

[128] Schwartz M. S, Carroll A. B. Corporate Social Responsibility: A Three-Domain Approach [J]. Business Ethics Quarterly, 2003, 13 (4): 503 -530.

[129] Sen B. S. Consumer-Company Identification: A Framework for Understanding Consumers Relationships with Companies [J]. Journal of Marketing, 2003, 67 (2): 76 -88.

[130] Shemwell, D. J., J. Cronin, and W. R. Bullard. Relational Exchange in Services: An Empirical Investigation [J]. International Jour-

nal of Service Industry Management, 1994, 5 (3): 57 -68.

[131] Shimp T. A., Madden T. J. Consumer-Object Relations: A Conceptual Framework Based Analogously on Sternberg's Triangular Theory of Love [J]. Advances in Consumer Research, 1988, 15 (1): 163 -168.

[132] Simon H. Dynamics of Price Elasticity and Brand Lifecycles: An Empirical Study [J]. Journal of Marketing Research, 1979.

[133] Storbacka, Kaj, Strandvik, Tore, Grönroos, Christian. Managing Customer Relationships for Profit: The Dynamics of Relationship Quality [J]. International Journal of Service Industry Management, 1994, 5 (5): 21 -38.

[134] Sweeney J. C., Chew M. Understanding Consumer-Service Brand Relationships: A Case Study Approach [J]. Australasian Marketing Journal, 2002, 10 (2): 26 -43.

[135] Too L. H. Y., Souchon A. L., Thirkell P. C. Relationship Marketing and Customer Loyalty in a Retail Setting: A Dyadic Exploration [J]. Journal of Marketing Management, 2001, 17 (3): 287 -319.

[136] Winkler A. Warp-Speed Branding: The Impact of Technology on Marketing [M]. Wiley, 1999.

[137] Wong, A. and A. Sohal. Customers Perspectives on Service Quality and Relationship Quality in Retail Encounters [J]. Managing Service Quality, 2002, 12: 424 -433.

[138] Yoo B., Donthu N. Developing and Validating Multidimensional Consumer-Based Brand Equity Scale [J]. Journal of Business Research, 2001, 52: 1 -14.